教育部人文社会科学研究规划基金项目"健康中国战略下少儿脊柱侧弯运动防治体系研究"(21YJA890006)，河北省教育科学研究"十四五"规划项目"幼儿不良体态现状、成因及体育教学对策研究（2103031）"研究成果。

幼儿不良身体姿态成因及体育教学防治

李　立　陈玉娟　冯立忠　贾静怡　贾富池　王立军　著

天津出版传媒集团

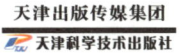

天津科学技术出版社

图书在版编目（CIP）数据

幼儿不良身体姿态成因及体育教学防治 / 李立等著
. −− 天津：天津科学技术出版社，2023.3
ISBN 978−7−5742−0954−1

Ⅰ. ①幼… Ⅱ. ①李… Ⅲ. ①幼儿 − 形体 − 研究②体
育教育 − 教学研究 − 学前教育 Ⅳ. ①G831.3 ②G613.7

中国国家版本馆CIP数据核字(2023)第048197号

幼儿不良身体姿态成因及体育教学防治
YOUER BULIANG SHENTI ZITAI CHENGYIN JI TIYU
JIAOXUE FANGZHI

责任编辑：孟祥刚
责任印制：兰　毅

出　　版：天津出版传媒集团
　　　　　天津科学技术出版社
地　　址：天津市西康路35号
邮　　编：300051
电　　话：（022）23332490
网　　址：www.tjkjcbs.com.cn
发　　行：新华书店经销
印　　刷：定州启航印刷有限公司

开本 710×1000　1/16　印张 11　字数 150 000
2023年3月第1版第1次印刷
定价：58.00元

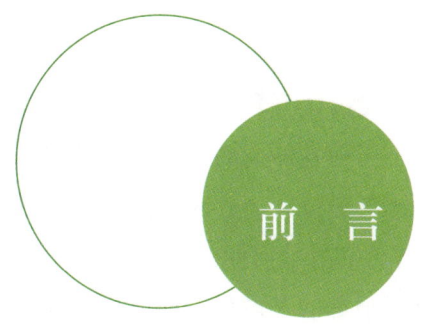

前　言

　　古语云"坐如钟、站如松、行如风、卧如弓"，"自古美人在骨，不在皮"，道出古人对良好身体姿态的基本要求。身体姿态不仅是外在气质的一种体现，还与身体健康紧密相连。近年来，幼儿高低肩、圆肩驼背、脊柱侧弯、足外翻等不良身体姿态问题越来越引起人们的关注和重视。长期身体姿态不良不仅会严重影响少儿的生长发育，还会对其健康产生很大影响，造成少儿诸多骨骼、肌肉方面的疼痛与疾病，且严重威胁成年后的身体健康状态。

　　2005 年开始我在大学任教，在教学中我发现有很多大学生都存在高低肩、骨盆前倾、O 型腿、足外翻等不良身体姿态问题，严重影响了学生正确的动作模式和运动能力。很多学生跑步时是挺着肚子跑，跑一个800 米，腿和脚就疼得不行，自此我开始了体态研究。在我随机抽取的1300 多名大学生中，竟然 90% 以上的学生存在不同程度的体态问题，中度及重度的体态问题人数近 40%！然后，我就开始追溯不良体态形成的根本原因。我又对 3000 多名中小学生进行了体态评估，结果近 90% 的孩子有体态问题，30% 以上的孩子有中度或重度体态问题。接下来，我又对幼儿园的 2000 多名幼儿进行了体态评估，结果已经有超 80% 的孩子存在体态问题，20% 左右的孩子存在中度或重度体态问题。这说明大学生的体态问题其实在幼儿时期就已经存在了，只是没有引起大家注意而已。是什么原因导致当前有这么多的幼儿已经存在不良体态问题呢？

随着研究的深入，发现其根本原因有三点：其一，是家庭忽视了婴幼儿生长发育的规律，由一些错误教养方式导致的，例如家长抱的时间太多、让孩子走得太早；其二，是由体育教学或体育类培训没有遵循幼儿动作发展的规律、教学内容不当引发的，例如过多拉伸身体后侧肌群链；其三，是家长让幼儿过早从事专项运动造成的，例如足球运动易导致 O 型腿，体育舞蹈易导致膝超伸和骨盆前倾。

幼儿时期是身体姿态塑造的关键期，此时期的幼儿骨骼有机质和无机质各占 50%，骨骼比较柔软，容易变形，当然也比较好塑造。幼儿时期也是生长发育的敏感期和各方面习惯培养和形成的重要时期，正确的身体姿势不仅能保证幼儿的身体健康和体格的正常发育，而且有利于幼儿注意力、专注力的养成。人们常说，人生是一场马拉松，让不良体态远离幼儿，让孩子们拥有良好的身体姿态，才能让他们跑好人生的马拉松。因此，在这个时期培养幼儿良好的身体姿态值得家长和教育工作者重视。从小而言，事关每一位幼儿、每一个家庭的未来和幸福；从大而言，则关乎一个国家和民族的面貌、精神与未来。

李　立

2022 年 10 月于石家庄

目　录

第四章　幼儿常见不良身体姿态的体育教学防治

第五章　幼儿常见不良体态防治体育教学教案

参考文献

第一章　身体姿态概述

第一节　什么是身体姿态

一、身体姿态的概念

身体姿态，简称体态，是人体在先天遗传和后天获得性的基础上，所表现出来的身体外部相对稳定的骨架特征。它可以有效反映身体的骨骼位置及形状变化，可以有效预测当前和未来的肌肉、骨骼健康状况。

二、良好身体姿态

良好的身体姿态是人体健康的基础。人体的骨架结构是由206块骨骼构成的，什么样的结构就决定了它有什么样的功能。如果人体在放松状态下站立时，骨骼排列的位置发生了变化、偏离了正确的位置，就会产生不良体态，严重影响孩子的生长发育及健康。怎么才能知道孩子的体态是否良好呢？具体可以从以下三个角度来观察孩子（图1-1）。

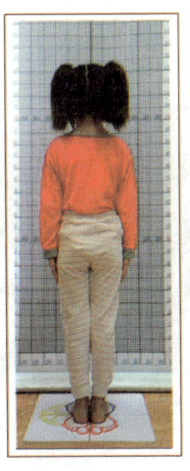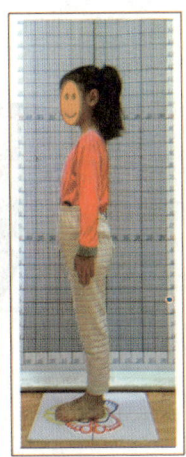

图1-1　良好体态（5岁）

首先，让孩子两脚并拢放松站立。怎么才可以让孩子放松呢？两脚并拢以后，让他（她）深吸一口气，缓缓呼出去，这个时候身体的肌肉就比较放松了，这样才可以较好地判定孩子的体态有没有问题。

第一个角度，从正面观察。如果头部不存在侧倾；整个身体的躯干不存在侧倾；两耳的耳垂是等高的；双肩的肩峰是等高的；两膝中间没有明显的间隙；两腿可以非常轻松地并拢，小腿竖直，中间没有较大间隙。那孩子的体态从正面观察就是良好的。

第二个角度，从背面观察。同样，头部不存在侧倾；身体不存在侧倾；两耳的耳垂是等高的；双肩的肩峰是等高的；两腿可以轻松地并拢，膝关节中间没有明显间隙，小腿竖直，中间没有较大间隙，两脚脚后跟可以轻松并拢，没有明显的距离。那我们认为，孩子的体态从后面观察也是良好的。

第三个角度，从侧面观察。如果五点基本在一条垂线上，那么体态就是良好的。其中五点从上到下分别是耳垂、肩峰、髂嵴（腰部两侧骨盆最高的位置，图1-2）、膝关节中央稍微靠前一点、外踝（脚部踝关节外侧最突出的那块骨头），这五点在一条垂线上，那就说明孩子的体态从侧面观察是良好的。

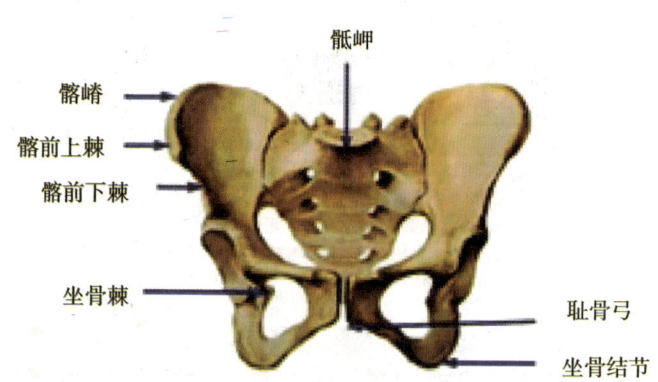

图1-2　骨盆髂嵴位置

如果从这三个角度观察，孩子的体态都是良好的，那么说明孩子不存在不良体态问题。相反，如果从任何一个角度观察出孩子的体态有问题，那就说明孩子存在不良体态。概括来讲，良好的体态就是人体"一柱两腿三面"不出问题，"一柱"就是脊柱，从背后看脊柱要直，从侧面看要有合理的颈曲、胸凸、腰曲；"两腿"就是两条腿，两腿要直，长短一致；"三面"的第一个面是"双足"，双足要发育正常、一致；第二个面是"骨盆"，骨盆要正；第三个面是"双肩"，双肩要等高，且没有圆肩、平肩等问题。人体是一个整体，"一柱两腿三面"相互影响，一旦某一部位出现问题，就会像多米诺骨牌一样发生连锁效应，造成诸多体态问题。其中，双足是良好体态的根基，一旦双足出现问题，就会向上影响到双腿，引起腿型问题；双腿就像支架一样支撑着人体的"骨盆"，骨盆就像一个桌面一样支撑着人体的"脊柱"，一旦双腿出现问题，造成骨盆倾斜，那么势必会影响到脊柱；脊柱一旦出现侧弯、胸椎过度后凸等问题，就可能导致高低肩、圆肩等问题，造成第三个平面失衡，第三个平面支撑着人体的颈部和头部，继而诱发头部前倾、侧倾等问题。由此可见，体态是一个整体，各部位密切关联，相互影响。

第二节 身体姿态的重要性

一、身体姿态对幼儿生长发育的重要性

幼儿不是缩小版的成人，在生长发育过程中有着其自身特点。幼儿骨骼相对柔软，有机质含量多，弹性大，可塑性强。这种客观因素造成了幼儿更容易因姿态不良，以及肌筋膜张力不对称等原因造成骨骼形变，而事实上成年人的很多身体姿态问题都是由幼儿时期出现的隐患发展而来的。幼儿时期，骨骼和肌肉增长都比较快，这种较快的增长会促使幼儿身体外部形态发生很大变化，是异常身体姿态发生的敏感期。不良身体姿态在一开始属于功能性变化，但若不及时纠正，会逐渐发展为结构性变化，由身体姿态异常转变为身体姿态畸形，而结构性变化往往是不

可逆转的。身体姿态又涉及人体各组织器官之间的协调和平衡，良好的身体姿势能保持身体处于稳定，保证身体各组织器官的正常功能，这就是所谓的"结构决定功能、功能完善结构"①。一旦体态发生异常，会影响身体内各器官的功能，引起体质下降，进而影响幼儿生长发育水平。

二、身体姿态对幼儿健康的重要性

身体姿态不仅是外在美的体现，还与健康紧密相关。人体是一个结构非常严密、功能十分复杂的有机体。各个器官、系统的协调活动是生命正常活动的基础，是健康的前提。骨骼是人体的支架，一旦支架的位置发生变化，就会直接影响到骨骼正常位置的排列以及身体正常功能的发挥，造成骨架结构功能性障碍，导致身体受力不均衡，引起骨骼的退行性变化，这势必造成身体的病态，从而严重影响人体的健康。但当前体态问题并没有引起人们足够的重视，因为它是慢慢侵蚀人体的。它不像外部创伤，一疼起来，你就能深刻体会到它的存在；而不良体态的形成，就如水滴石穿，它是在无意识中渐渐发展的，并会随着年龄的增长越来越严重，因不良体态的问题造成的骨骼、关节、肌肉、韧带、内脏器官功能的损害也就越加严重。当人体能深刻感受到它存在的时候，就已经晚了，并且很难治愈。所以，体态问题跟健康是密切相关的，它将严重地影响人的生活质量。

我们在研究不良体态时发现，80%的慢性疾病都跟不良体态有密切关系。例如关节磨损、身体机能下降、免疫力降低、代谢紊乱、肥胖等。这是因为在日常生活中，无论是我们的骨骼、关节，还是肌肉，无时无刻不在为我们的身体进行着力量支撑。不良体态会导致我们的某处关节因为过度负荷，而导致受伤或磨损；也会使我们的肌肉代偿失去平衡，使某一边肌肉过度紧张，最后造成关节受限、肌肉劳损，例如颈椎病、

---

① 梁思雨，杨光，赵洪波.体医融合视域下青少年身体姿态健康促进研究[J].沈阳体育学院学报，2021，40（4）：8-14.

腰肌劳损等。其痛苦感，轻则使人感觉不适、微微疼痛，重则使人行动不便、精神萎靡。不良体态还会使脊椎的椎间盘关节紧连的肌肉缠结在一起，导致体内的代谢障碍，使废物无法及时代谢排出，诱发肥胖体质。

三、身体姿态对人体运动能力的重要性

人体的运动系统由骨、关节和骨骼肌组成。全身各骨骼借助骨连接构成人体的基本骨架，骨骼肌附着在骨上，在神经系统支配及其他系统配合下，以肌肉为动力，以骨骼为杠杆，以关节为枢纽来产生运动。良好的身体姿态骨架排列合理，关节稳定，肌肉长度和张力平衡，在运动时可以使人体保持骨骼和关节的中立对齐，从而使肌肉正确发力，这样可以使骨骼、关节、肌肉和韧带承受最小的压力或牵张力，减少关节面的异常磨损，使运动能力得到充分体现。而一旦出现不良体态就会导致肌肉张力发生改变，进而肌肉力量就会失去平衡，关节位置也会随之改变；引发肌肉工作效率下降且容易疲劳，韧带承受牵张力增加，关节受力失衡，增加关节磨损，导致退行性关节炎和关节疼痛等问题，长此以往，会加重骨骼的变形，产生更为严重的肌肉力学失衡，不仅影响运动效果，而且会大大增加运动损伤的概率。

第三节 幼儿生长发育规律与身体姿态形成的关系

一、幼儿生长发育规律——足弓发展

人是脊椎动物之中唯一有足弓的生物。足弓由 7 块跗骨和 5 块跖骨凭借足底肌肉、韧带连接而成（图 1-3）。足弓可分为前后方向的纵弓和内外方向的横弓（图 1-4）。纵弓又可分为内侧纵弓和外侧纵弓。内侧纵弓由跟骨、距骨、舟骨、三块楔骨及第 1 ~ 3 跖骨构成。内侧纵弓较高，有较大的弹性，故又称弹性足弓，起缓冲震荡的作用。外侧纵弓由跟骨、骰骨及第 4、第 5 跖骨构成。外侧纵弓较低，弹性较差，主要

与维持身体直立姿势有关，故又称支持弓。横弓由三块楔骨、骰骨及距骨的后部构成。足弓可以使重力从踝关节经距骨向前分散到跖骨小头，向后传向跟骨，以保证直立时足底支撑的稳固性，并起着缓冲地面对人体的冲力及减轻行走、跑、跳时对脊柱、大脑震荡的作用。同时还可以保持足底的血管、神经免受压迫，从而被视为"天然减震器"。

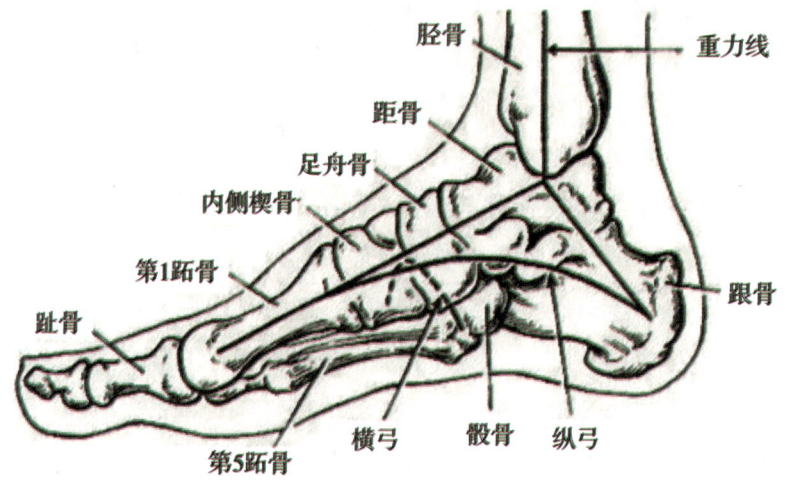

图 1-3　足弓构成

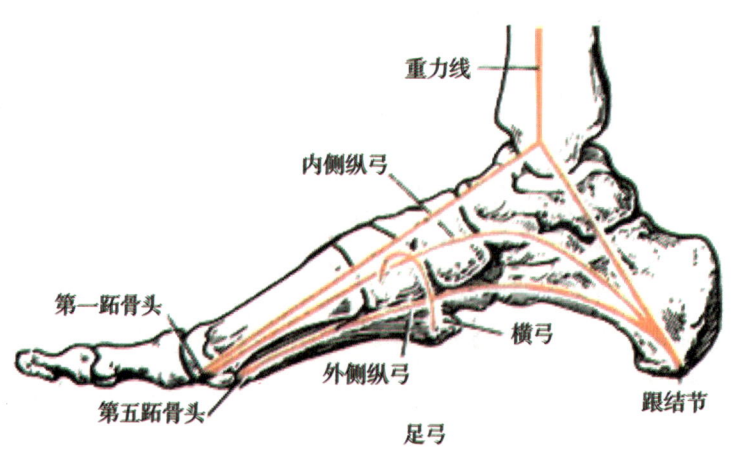

图 1-4　足弓构成

　　但足弓不是生来就有的，刚出生的婴儿是没有足弓的（图1-5），一是足部的骨骼骨化程度不足，支撑力不够；二是足底脂肪较多，肌肉力量发展不足造成的，足弓需要通过足够的足底刺激才能够逐步形成，这一发育过程分为四个阶段。

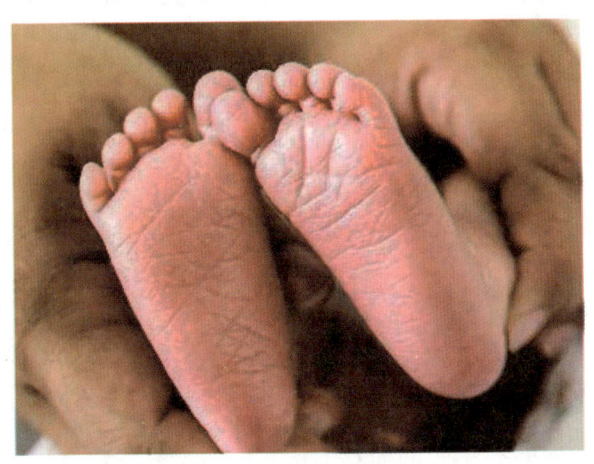

图1-5　刚出生婴儿的足弓

（一）足弓形成的阶段

1. 第一阶段 1 ~ 3 岁

　　这一阶段从婴儿直立行走开始，足部的骨骼中70%左右仍然为软骨，足底仍有较厚的脂肪垫，光滑富有弹性，足底呈扁平状态，属于生理性扁平足，足弓尚未形成，家长也无须担心。

2. 第二阶段 3 ~ 6 岁

　　此阶段是孩子足部成长、足弓形成的关键期、黄金期。此时幼儿足底脂肪垫开始逐渐消退，足底的掌纹会逐渐增多，足部骨骼开始出现骨化，肌肉韧带逐渐稳定发展，步行稳定性变好，足弓会在运动对足底的刺激下逐步形成，但形成的质量还不高。

3. 第三阶段 6 ~ 10 岁

此阶段儿童足部骨骼发育渐渐成熟，足弓形态慢慢由发展期向稳定期靠拢，掌纹增多，稳定性更好。如果在此阶段儿童足弓出现畸形（高弓足、扁平足、足内翻、足外翻），正是矫正的关键期，需要及时矫正，引导足弓正常发育。

4. 第四阶段 10 ~ 13 岁

这一阶段足部形态发育完全成熟，足弓形成稳定。在儿童超过 13 岁之后，如果足部仍然处于扁平的状态，就说明没有足弓的形成，或已形成结构性扁平足。

（二）足弓的重要性

1. 减震，减少人体受到的冲击

足弓如同拱桥，由肌腱、肌肉、筋膜、韧带及骨骼共同支持，其稳定性的维持可分为骨性因素和软组织因素两个方面。一方面楔形足骨保证了足弓拱形的契合，维持足弓的骨性结构；另一方面就是韧带、筋膜的弹性和肌肉收缩、肌腱等软组织，它们是维持足弓的能动因素，在结构功能上如弓弦一样，保持足弓的弹性和形态。足弓给人体足底着地支撑直立时提供了稳固性，给跑、跳提供了弹性，在走路和跳跃时吸收震荡，借以保护足以上的关节、内脏和其他器官。足弓韧带或肌肉（肌腱）损伤，或先天性软组织发育不良，或者足骨骨折等，均可导致足弓塌陷，形成扁平足（图 1-6）。扁平足是一种以足弓低平或消失、足部疼痛为特征的足部畸形。扁平足者长期站立、行走、跑跳时，易出现腿、膝、腰背、颈部、头部疼痛和疲劳，还可引发多种慢性疾病。因此，扁平足会严重影响人们的运动能力、正常工作和生活。但足弓过高亦会严重地妨碍负重和行走功能。

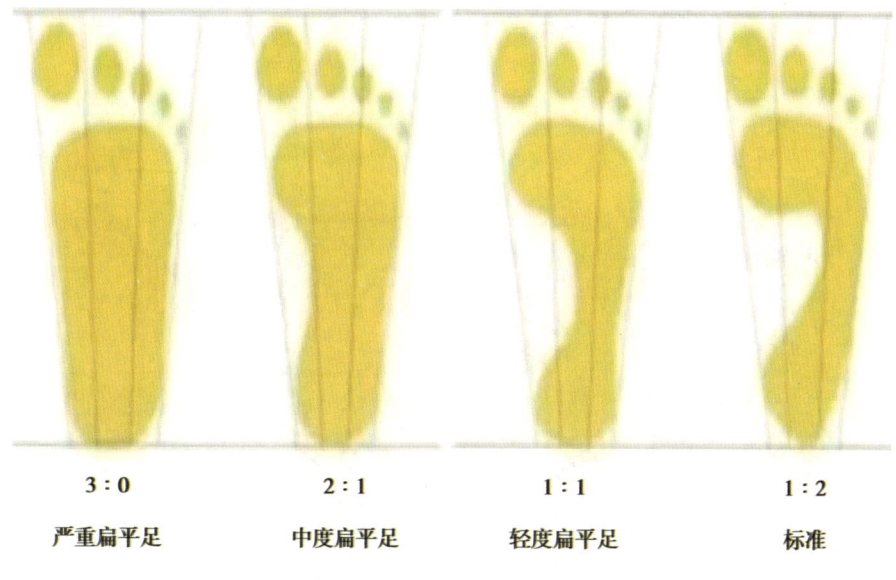

| 3:0 | 2:1 | 1:1 | 1:2 |
| 严重扁平足 | 中度扁平足 | 轻度扁平足 | 标准 |

图1-6 正常足与扁平足

2. 人体运动的"方向盘"

完美的足部结构不仅在走路时使人感到非常舒适，而且可以使身体中各关节保持良好的功能运动，以减少磨损，避免膝关节、髋关节和背部的损伤和代偿。足的距下关节是身体的"方向盘"，它位于踝关节下方，跟骨和距骨相连的地方，主要的作用是向内和向外翻。足底筋膜炎和胫骨内侧引起的疼痛通常起源于距骨关节功能障碍，距骨在跟骨上向前滑动并固定在那里。在健康的步态中，这个关节应该背屈15°，如果背屈受限，则膝关节和髋关节不会完全伸展，这样可能会导致髋部屈肌灵活性下降，并且在步态期间腰椎会反复伸展和旋转，从而引起背部疼痛。因此，一旦足弓形成不良，会造成诸多身体问题。

二、幼儿生长发育规律——腿型发展

（一）正常腿型的发展分为四个阶段（图1-7）

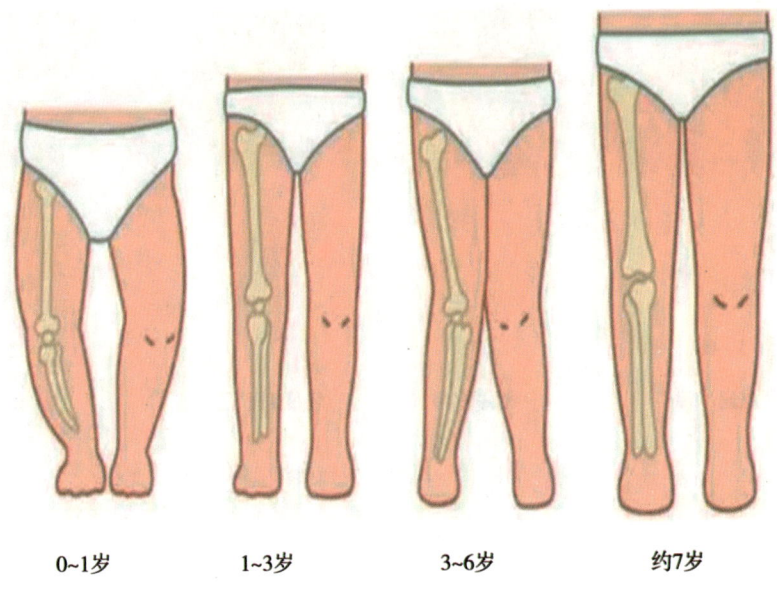

0~1岁 1~3岁 3~6岁 约7岁

图1-7 腿型的发展阶段

1. 第一阶段0～1岁

刚出生的婴儿双腿的弧度非常明显，都是"O型腿"，这是因为妈妈们怀孕期间，胎儿就是蜷缩在妈妈肚子里的，因为长期的蜷缩，所以出生后宝宝的腿都呈O型，这属于生理性O型腿，是发育初期的正常表现。出生后，婴儿进入动作发展的重要时期，这些动作的发展呈现一定的规律——"二抬头、三翻、六坐、七滚、八爬、十站、周岁走"。在三个月翻身之前，婴儿躺在床上，其间婴儿会通过蹬腿、摆动手臂、摇头、抬头等运动不断发展自己的力量，为后续的动作发展奠定基础，这一时期也是腿型自我矫正的开始；婴儿八个月时开始爬行，进一步对腿型进行自我矫正，但这还远远不够；十个月婴儿扶着物体站起来，开始行走，至此进入 O 型腿自我矫正最重要的时期。

2. 第二阶段 1 ~ 3 岁

婴儿 1 岁时可以独立行走，行走是人类最重要也是最有意义的物种特性之一。行走不仅要保持身体直立的姿势，而且要将重心由一侧转移到另一侧，并保持一只或两只脚始终与地面接触。这就需要婴儿不断地去调整平衡，发展与平衡下肢力量。独立行走的发展不仅需要足够的肌肉力量和强度，以便在重力的作用下支持整个身体，同时也是多个系统（感觉统合系统、神经系统、肌肉与骨骼系统、认知系统）协同发展的结果。当婴儿尝试独立行走时，他的步伐很不稳定，"头重脚轻根底浅"，可能会不断发生跌倒，很多家长怕孩子磕着碰着，给孩子放到"学步车"里，这样再也不用担心孩子摔倒了，殊不知这个时期是孩子腿部力量、感觉统合系统不断发展、平衡，腿型自我矫正的关键期，使用"学步车"会造成孩子后续生长发育一系列的问题——O 型腿、OX 型腿、平衡能力差、专注力不足等问题。如果让孩子自然生长，婴儿对行走的控制力会持续发展，步态会逐步稳健，而后逐步掌握奔跑、跳跃等动作，腿型在这一过程中会自然完成矫正。

2. 第三阶段 3 ~ 6 岁

在腿型完成自我矫正后，为了适应生理需求，会发生"过矫"问题，就是矫正过度，由"O 型腿"变成"X 型腿"，这属于正常发育现象。

4. 第四阶段约 7 岁

"过矫"后形成的"X 型腿"，在这一阶段会完成自我矫正，重新变直。

（二）腿型发展过程中应注意的问题

掌握了以上腿型发展的规律，老师或家长们就可以根据孩子的年龄随时监测其腿型的发展是否正常，如果孩子在 1 岁前就出现了 X 型腿，那么是病理性畸形的可能性就较大；其次从外观上判断双腿是否有明显的不对称，不管是 O 型腿还是 X 型腿，左右腿都是对称弯曲的，如果左右不一，一条腿笔直一条腿弯曲，那么这是病理性畸形的可能性也很高；如果孩子在 5 岁左右还是严重的 O 型腿，7 岁后还是严重的 O 型腿或 X 型腿都是不正常的，应当及时矫正。

三、幼儿生长发育规律——骨盆发展

（一）骨盆的发展分为三个阶段

1. 第一阶段 0 ~ 1 岁

刚出生的婴儿由于身体功能不足，前 3 个月只能躺在床上，其间婴儿会通过抬腿、蹬腿等运动不断发展自己的腿部力量，但这些动作主要提升的是婴儿大腿前侧肌肉（股直肌、髂腰肌）力量，造成前后侧肌群链发展不平衡；3 个月左右婴儿随着身体功能的强大可以翻身，翻身后，婴儿会通过双手的支撑抬起头部和上体，在这一过程中会使腹直肌拉长变得松弛（图 1-8）；6 个月大的婴儿可以坐起来，长时间的坐姿，会导致大腿前侧的股直肌、髂腰肌收紧变短，而后侧的臀大肌、腘绳肌被按摩松弛变长。这一系列的动作发展过程，导致牵拉骨盆前旋的股直肌、髂腰肌变得越来越紧，力量越来越大，而使骨盆后旋的臀大肌、腘绳肌、腹直肌变得越来越松弛。所以，当孩子 1 岁站立行走时，都是挺着小肚子，这是由骨盆前倾而造成的。这样也有一个好处，就是孩子在站立行走时，身体重心靠前，摔倒时会往前摔，这样有利于幼儿的自我保护。这可能也是人类进化中的重要一环。

图 1-8 上体抬起

2. 第二阶段 1 ~ 3 岁

这一阶段婴儿的移动类动作如走、跑、跳等动作相继得到发展，身体前后侧肌群也会得到相应发展，但前侧肌群链仍有显著优势，到 3 岁时，幼儿的骨盆前倾问题依然存在（图 1-9）。

3. 第三阶段 3 ~ 6 岁

这一阶段是幼儿的基本动作模式期——包括位移类动作（走、跑、跳、攀、爬、滚、钻、躲闪、转体等）、非位移类动作（平衡、下蹲、缓冲、悬垂等）、操作类动作（投、踢、接、拍、挥击等）。成人使用的80% ~ 90% 的基本动作是在这一时期获得的。如果幼儿在这一时期各类基本动作得到较好的发展，幼儿的骨盆前倾问题在 5 ~ 6 岁时就可以完成自我矫正（图 1-10）。特别是移动类动作如奔跑、跳跃的发展，前侧股直肌、髂腰肌不断被拉伸舒展，后侧臀大肌、腘绳肌不断增强，使前后侧肌群链逐步平衡。但现实中，往往很多幼儿"静坐少动"、运动不足，或报了跆拳道、舞蹈培训班，过早地进行专项训练，这些都会导致大腿前侧的股直肌、髂腰肌过紧，后侧臀大肌、腘绳肌松弛，致使很多孩子 6 岁后还存在严重的骨盆前倾（图 1-11）。这个时候就必须进行针对性矫正了。

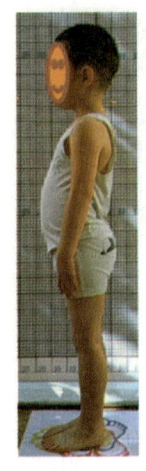  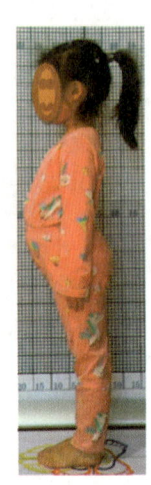

图1-9　3岁骨盆　图1-10　5～6岁骨盆　图1-11　6岁后骨盆

（二）骨盆的重要性

骨盆是人体承上启下的中枢，上面支撑着脊柱，下面连接着双腿。当人体骨盆发生前倾时，身体的骨架为了维持新的平衡，就会偏离正常的位置，久而久之，会导致形变和功能性、结构性障碍，整个人体骨架像"多米诺骨牌"一样，向上向下引发不良体态问题。向上会导致腰部过度前曲（图1-12）、平背，向下会引发股骨外旋、O型腿、外八字步态等问题。由于体态的改变，还会引发内脏器官下垂、内脏器官功能障碍、腰椎间盘突出等问题。

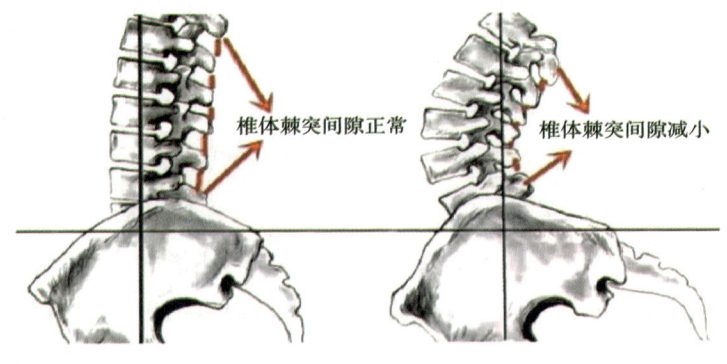

图1-12　正常骨盆和前倾骨盆腰椎比较

四、幼儿生长发育规律——脊柱发展

（一）脊柱的发展分为两个阶段

1. 第一阶段 0 ~ 1 岁

这一阶段时间虽然很短，但是脊柱发展的黄金期，这一时期脊柱发展不足，会给后续的脊柱健康产生难以挽回的影响。人体的脊柱有四个生理弯曲：颈曲、胸曲、腰曲、骶曲。但其实在胎儿时期，脊柱却只有向后凸出的曲度（图 1-13）。

	颈曲
	胸曲
	腰曲
	骶曲

2个月胎儿　6个月胎儿　新生儿　4岁　13岁　成人

图 1-13　脊柱的发展过程

脊柱的曲线分为原始曲线和次生曲线。在胚胎时期就存在的曲线，被称为原始曲线；孩子出生后在一系列的动作发展中形成的曲线，被称为次生曲线。原始曲线主要依靠骨骼本身的结构形状来维持曲度，它的活动度比较小；而次生曲线更依赖于肌筋膜的平衡来维持其曲度，所以它的活动度比较大。婴儿在出生时脊柱只有 1 个明显的生理弯曲——尾椎曲线。婴儿在 0 ~ 3 个月时，会躺在床上开始踢腿，做单腿上举或双腿上举。这些锻炼可以帮助宝宝们强健腹部和腰部的肌肉群，保证腹部的器官在正确的位置上。3个月时，婴儿腰腹部的肌肉已足够强壮，能够支撑腹内的器官了，这时婴儿开始学着翻身，翻过身以后不停地练习抬头，持续的抬头低头练习会帮助婴儿强化颈部肌肉的同时发展出颈椎曲线。接着，婴儿趴着开始尝试抬起上半身，抬起腿，这些动作可以很好地锻炼婴儿的背部肌肉力量（图1-14）。如果背部肌肉不够强壮，当婴儿站立或者坐立的时候，下背部肌肉压力就会很大，腰椎很容易受伤。通过不断抬起胸腔，使得背部肌肉变得更加强健，当婴儿6个月左右，就可以坐起来了。坐起来后的婴儿会做脊柱扭转的动作，扭转的动作可以很好地放松脊柱的肌肉，增加血液循环，增强脊柱的功能，消除腹趴时背部肌肉的紧张感，同时进一步促进胸凸和腰曲的形成。婴儿8个月左右的时候开始学习爬行，"爬"是促进婴儿脊柱发展、身体协调性、平衡左右脑发展的重要动作。爬行时的抬头可以进一步促进颈曲的形成，上下肢的协调配合，身体的左右扭转可以有效促进胸凸和腰曲的形成（图1-15）。所以，爬行是婴儿拉伸整体结构，促进脊柱发展的重要阶段。至此脊柱的四个生理弯曲已初步形成。接下来的站立活动能够促使脊柱腰段的自然前凸，这样有利于引导身体将重力线传递至双足，以支撑身体保持直立。

图1-14 婴儿抬起上半身

图1-15 婴儿开始爬行

2. 第二阶段 1 ～ 7 岁

这一时期是婴儿脊柱生理曲度功能不断强化与发展的重要时期，这一时期的运动——走、跑、跳、攀、爬、滚、钻、悬垂、平衡等不仅可以有效发展脊柱周围的肌肉力量，还可以不断提升脊柱的功能，颈椎、腰椎的稳定性进一步增强，胸椎的灵活性进一步提升。不断发展强化的脊柱会引导身体将重力线传递至双足，以增强身体的稳定性。这一时期正好处于基本动作模式期，应有意识地促进孩子的基本动作发展，这对于脊柱的健康发展意义重大。

3. 第三阶段 8 ～ 13 岁

这一时期的运动项目、坐姿、站姿对脊柱的生理曲度发展影响很大，例如，舞蹈尤其是芭蕾训练会使腰曲进一步增大，而胸曲会减小或消失；日常坐姿、站姿不正——弯腰驼背、头部前倾，可引起胸椎后凸增大，而颈曲减小或变直。这一时期是儿童骨骼生长发育的重要时期，一定要注意让儿童养成良好的生活习惯。古语云"坐如钟、站如松、行如风、卧如弓"，即道出古人对良好身体姿态的基本要求；同时这一时期要让儿童多从事几项运动，直到 13 岁骨骼基本发育完全，脊柱的形态才稳定下来。只有拥有良好曲度的脊柱才能既有柔韧性、弹性，又有承重能力；脊柱就像一个大型的弹簧，具有缓冲压力、减弱震荡的作用，还能保护大脑和内脏，生理曲度扩大了躯干重心在基底的面积，从而加强了直立姿势的稳定性，对人体有巨大的保护作用。

（二）脊柱曲度的重要性

1. 颈曲

颈曲是向前凸出的，从颈椎功能解剖学的角度来分析，它分为两个部分：上颈椎和下颈椎。上颈椎起于枕骨止于第 2 颈椎，向后凸出；下颈椎是从第 2 颈椎到第 7 颈椎，向前凸出。这样的生理构造，是为了更好地支撑头部。而不良的姿势常常会使颈椎的生理曲度消失，导致颈椎变直，变直的颈椎不仅支撑能力变差，还会让头颈部遭受更大冲击风险。

2. 胸曲

胸曲是凸向后方的，分为上胸椎（1 ~ 4 胸椎）、中胸椎（5 ~ 8 胸椎）、下胸椎（9 ~ 12 胸椎）。在上胸椎这个区域，很多人都有轻度的侧弯，这主要跟平时的姿势习惯有关，比如惯用右手，可能就会使上胸椎向右轻度侧弯。但是这种侧弯一般不会对人体的健康造成影响，因为它属于生理性代偿。

3. 腰曲

腰曲凸向前方，它与骨盆构成一种联动的关系。骨盆前倾，腰椎就会过度前凸；骨盆后倾，腰椎曲度就会变直；骨盆侧倾，腰椎则会侧弯。其实，大多数人的骨盆都会有稍微前倾，只是前倾的角度不同，如果前倾角度过大，就会给腰椎造成压力。

4. 骶曲

骶部的弯曲是从腰骶关节延伸至尾骨，凸向后方。骶骨和尾骨都是骨性融合而成，骶骨由 4 ~ 5 块骶椎融合而成，尾骨由 3 ~ 4 块骨融合而成。

这四个弯曲是从侧面看，向前凸的颈曲和腰曲，向后凸的胸曲和骶曲，四个弯曲恰似四张弯弓，呈反 S 形。其中颈曲和腰曲为出生后代偿性弯曲。正是这种所谓的"脊柱前凸"椎体排列模式，使得人体能够向后弯腰。脊柱的颈曲程度往往比腰曲小。四个生理弯曲使人体的脊柱成为一个刚柔相济、柔韧有余的"大弹簧"，它增加了脊柱的柔韧性、增强了抵消或减缓震荡的作用，进而保护了头部器官（特别是大脑），它可化解来自各个方向的外力（尤其是震荡对脊髓、大脑的损害），并且在椎间关节水平保持了足够的限制度和稳定性，同时又是头、内脏等器官的支柱。另外，脊柱的作用还体现在支撑躯干和保护脊髓，而脊髓就像是城市的主干道，将大脑的神经传导指令下达到肌肉后产生动作，同时将肌肉动作反馈输送至大脑。所以脊柱的任何一段发生不正常形变，都会影响到该段脊髓信息的传导，从而导致该段脊髓负责范围内的肌肉无法发挥正常的生理功能，甚至产生病变。

五、幼儿动作发展对身体姿态的影响

幼儿动作发展呈现一定的规律性，每个动作的发展是否正常都决定着婴儿将来身体姿态的走向。

（一）动作发展呈现由头向尾的发育规律

幼儿的动作发展从抬头颈开始，而后逐渐发展到坐、站、走、跑，这一发展过程可以说是因为脊柱的稳定性是从颈椎开始逐渐向胸椎、腰椎发展的过程，这一过程对于脊柱的健康发展至关重要（图1-16）。

爬　　　　坐　　　　　站　　　　走　　　　跑

图1-16　脊柱的发展过程

（二）爬行动作对体态的影响

很多家长总希望孩子能尽快学会走路，甚至个别家长希望孩子不用爬直接站起来才好，所以给孩子买了学步车、学步带等产品，然而孩子的生长是个循序渐进的过程，哪一步都不能省略，一旦出现"跳级"，很可能对孩子身体健康造成终身影响。

1. 对腿型及足弓的影响

如果不经过爬行而过早地学习走路，由于婴儿腿部力量不足，孩子在走路过程中稳定支撑能力不佳，容易造成腿部受力不均衡，引起骨骼形变，关节对位不良，出现O型腿、X型腿、OX型腿等问题。与此同时，不良的受力状态也将直接作用于足部，而婴儿维持足弓的肌肉发育尚不完善，受到体重直接压迫，极易引起足弓塌陷，出现扁平足等问题。

2. 对骨盆和躯干的影响

如果孩子在发育过程中爬行训练不足，人体的核心控制和稳定就不能得到良好的提高，孩子在学习走路阶段就会出现骨盆稳定性不足，引起步态中双腿摆动不协调，同时由于核心稳定不足，容易引起骨盆前倾、前移，圆肩驼背的体态。

3. 对肩胛骨的影响

爬行过程中肩带肌肉在交替支撑运动中得到刺激，会有效促进肩胛骨的稳定，提高整个肩带的支撑能力，爬行不足时肩胛稳定未能得到足够的锻炼，容易出现翼状肩胛体态，表现为肩胛骨内缘翘起后凸，肩灵活性受限，手部的精细化运动也会受到影响。

所以，一定要遵循孩子的生长发育规律，使孩子在每一个成长阶段都得到相应的锻炼，这样才能有效促进孩子良好的生长发育。

第二章　幼儿身体姿态简要评估方法

第一节　幼儿身体姿态评估的意义及案例分析

体态评估的意义在于其可以在没有任何伤害的情况下，尽早发现孩子的生长发育问题并进行干预治疗。接下来将通过两个案例具体分析如何通过体态评估发现孩子发育问题。

一、体态评估案例一

2017 年，一个 5 岁的男孩来做体态评估。评估后发现，这个孩子存在头部侧倾、高低肩、脊柱侧弯和脊柱旋转的问题（图 2-1）。他妈妈看到孩子的体态照片吓坏了，她只是陪着朋友来的，顺便让自己家的孩子测一测，谁知道孩子的身体竟然已经出现了这么多问题。经过仔细询问才知道，孩子在幼儿园里报了一个乒乓球的兴趣班，每周练习两次，每次 1 小时。孩子是右手持拍，身高约 1.1 米。幼儿园乒乓球教学中用的是标准球台，是 76cm 高。也就是说这个孩子肩部的高度只比 76cm 高的台子高十几厘米。球过来之后发生弹跳，他总是够不着，于是他就习惯性地拼命抬高自己的右手，半年下来就形成了这样的体态。

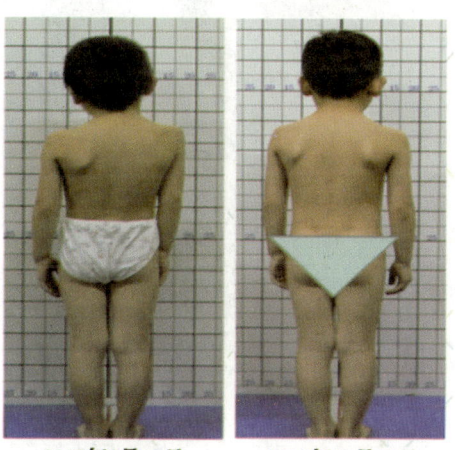

|2017年9月17日|2017年12月22日|

图 2-1　矫正前后比较

当然，多亏这次发现得早，还只是功能性脊柱侧弯。经过三个月的矫正，孩子就恢复了正常。但是，如果家长没有及时发现，最后影响到脊柱结构，形成结构性侧弯，产生楔形椎体（一侧厚一侧薄），那么这个孩子一辈子就有可能毁了。当然，举这个例子，不是说练乒乓球就一定会出现脊柱问题。只是，对于年龄较小的孩子，不宜过早地进行专项化的体育锻炼。

二、体态评估案例二

女孩，7 岁，体态评估发现高低肩、躯干侧倾、脊柱侧弯，经 X 光片检查，胸椎弯曲 cobb 角 ①27°（图 2-2）。体态评估可以在没有任何伤害的情况下，尽早发现孩子生长发育当中的问题，并尽早进行治疗和矫正。以免发生不可挽回的生长发育的问题，影响孩子一生。这就是体态评估的重要意义。

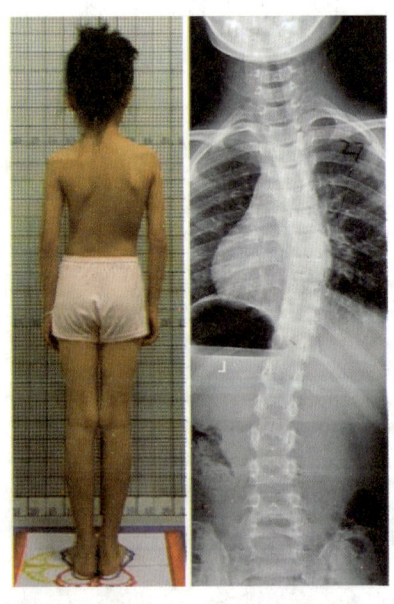

图 2-2　案例二女孩体态评估

———————————

① cobb 角，代表头侧端椎上缘的垂线与尾侧端椎下缘垂线的交角。

12 岁前，儿童的骨骼有机质和无机质各占 50%，骨骼比较柔软，比较好塑造。所以，12 岁之前是孩子发现不良体态问题和改善、矫正的最佳时期。一旦错过这个时期，将对孩子的健康造成不可估量的伤害。

第二节　幼儿身体姿态评估的简要方法

本节将会从常见的育儿方法和生活习惯入手，给家长提供简单、科学、在家就能轻松评估出孩子是否存在不良体态的方法，帮助家长分析引起不良体态的原因，让家长了解不良体态对孩子身体健康会带来哪些危害。最后给出在教学中实用、简单、易操作的预防和改善的方法，避免孩子错过最佳的干预时期，为孩子的健康成长打下扎实的基础。

一、幼儿足内翻、外翻评估方法

首先，让幼儿脱掉鞋袜，露出小腿，两脚并拢放松站立。正常的小腿和足部，两足可以非常好的并拢，两足足跟间没有明显的距离，胫骨、距骨、跟骨在一条垂线上。如果发生偏移就可能发生了足内翻或足外翻（图 2-3、图 2-4）。

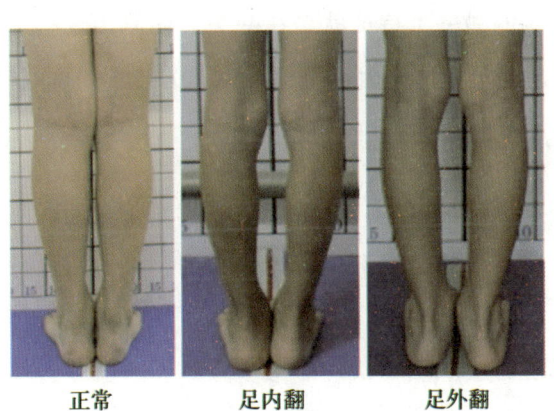

正常　　　　足内翻　　　　足外翻

图 2-3　真实案例

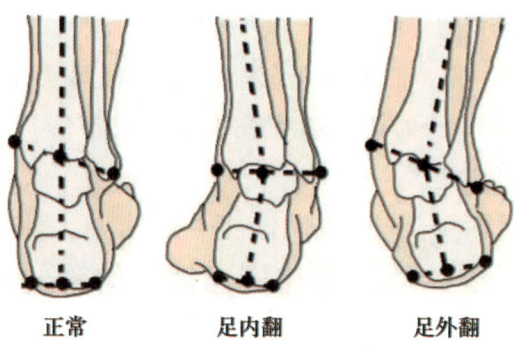

正常   足内翻   足外翻

图 2-4　足部受力线（右足）

足内翻：跟骨偏离中线的位置，向足内侧移动，足内侧纵向足弓高度升高，所以足内翻往往伴随高弓足的问题。足内翻在站立和行走时，足内侧几乎不受力，主要倾向于足外侧承重。观察孩子经常穿的鞋会发现鞋底外侧磨损比较严重，内侧完好。

足外翻：跟骨偏离中线的位置，向足外侧移动，足内侧纵向足弓高度降低，所以足外翻往往伴随扁平足的问题。足外翻在站立和行走时，会倾向于足内侧承重。观察孩子经常穿的鞋会发现鞋底内侧磨损比较严重。两脚并拢放松站立时，足跟无法并拢，左右足跟的距离越大，往往足外翻越严重，所以根据这一特征，可以很轻松地评估是否存在足外翻的问题。足外翻的另一个特征就是在踝关节内侧出现一个鼓包，鼓包越大足外翻也就越严重，这是由足外翻导致踝关节骨骼排列错位造成的。

二、幼儿 O 型腿、X 型腿评估方法

首先，让幼儿脱掉鞋袜，露出大小腿或穿紧身的衣服，两脚并拢放松站立，如果在放松的情况下两脚无法并拢，也不用强行并拢，自然站立就好。

而后，观察孩子两腿之间，如果孩子两腿间没有明显的缝隙，两条大腿和小腿间都可以非常好的并拢，膝关节中间可以紧密地贴在一起。那么，说明孩子双腿发育是正常的。如果孩子两条大腿、膝关节、小腿

中间都有明显缝隙，那么就可以判定孩子是 O 型腿；如果孩子的大腿和双膝可以并在一起，可是小腿、双脚却无法并在一起，那么就可以判定孩子是 X 型腿（图 2-5）。X 型腿的典型表现就是两个小腿外张，两小腿中间有明显的距离，而且越往下，越靠向足的部位距离越大。

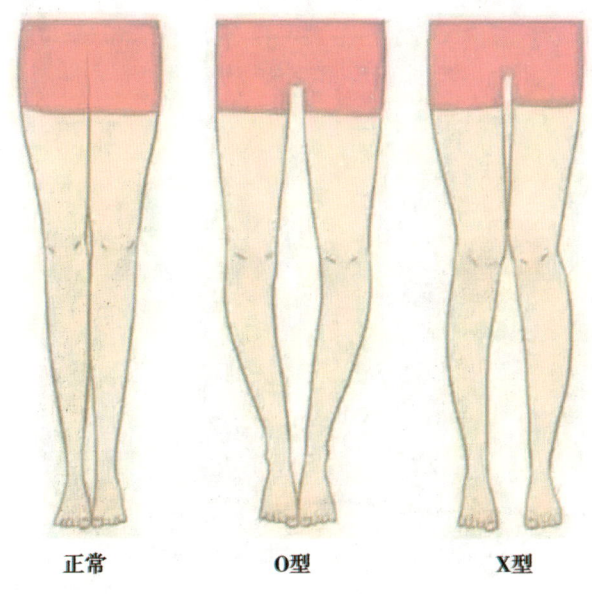

正常 　　　　 O型 　　　　 X型

图 2-5　腿型

三、幼儿膝关节超伸评估方法

首先，让幼儿脱掉鞋袜，露出大小腿或穿紧身的衣服，两脚并拢放松站立。

而后，从孩子侧面来观察：如果孩子髂嵴、膝关节中央稍微靠前一点的位置，以及外踝在一条垂线上，同时孩子小腿骨是垂直向下的，那么，孩子的腿是正常的。如果以外踝为基点向上垂直延伸，孩子膝关节跑到了这条垂线的后边，小腿骨前侧出现凹进去的弧形，那么孩子就属于膝关节超伸了（图 2-6）。

膝关节超伸具有小腿向后过度凸出，前侧凹，大小腿前侧呈现显著钝角，后侧远超平角的特征。

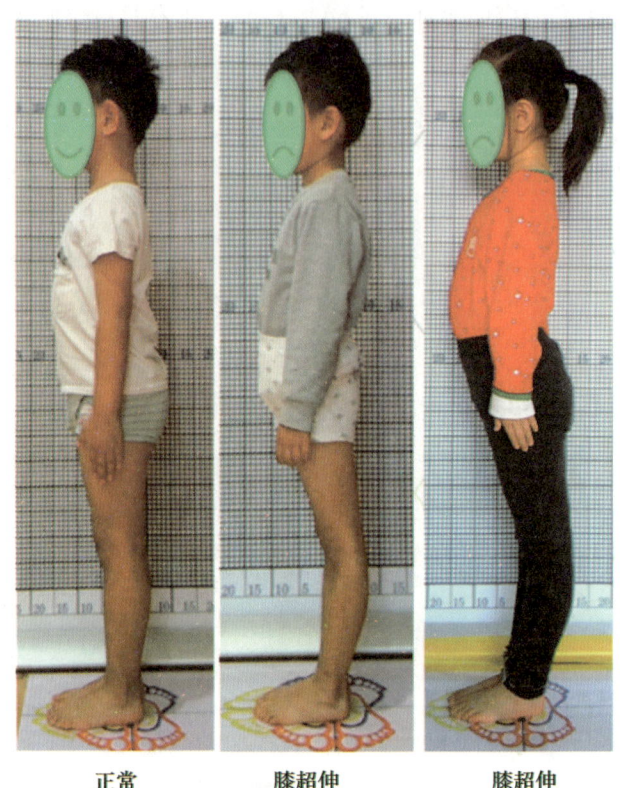

正常　　　　　膝超伸　　　　　膝超伸

图 2-6　膝超伸与正常腿比较

四、幼儿骨盆前倾、侧倾评估方法

（一）骨盆前倾评估方法

首先，让幼儿脱掉鞋袜，穿紧身的衣服或只穿贴身内衣，两脚并拢放松站立。而后，从侧面来观察，如果孩子肩峰、髂嵴、膝关节中央在一条垂线上，那么这说明孩子的骨盆位置是正常的。

如果发现孩子的髂嵴跑到了这条垂线的前方，说明孩子发生了骨盆前倾；越靠前，说明骨盆前倾越严重（图 2-7）。

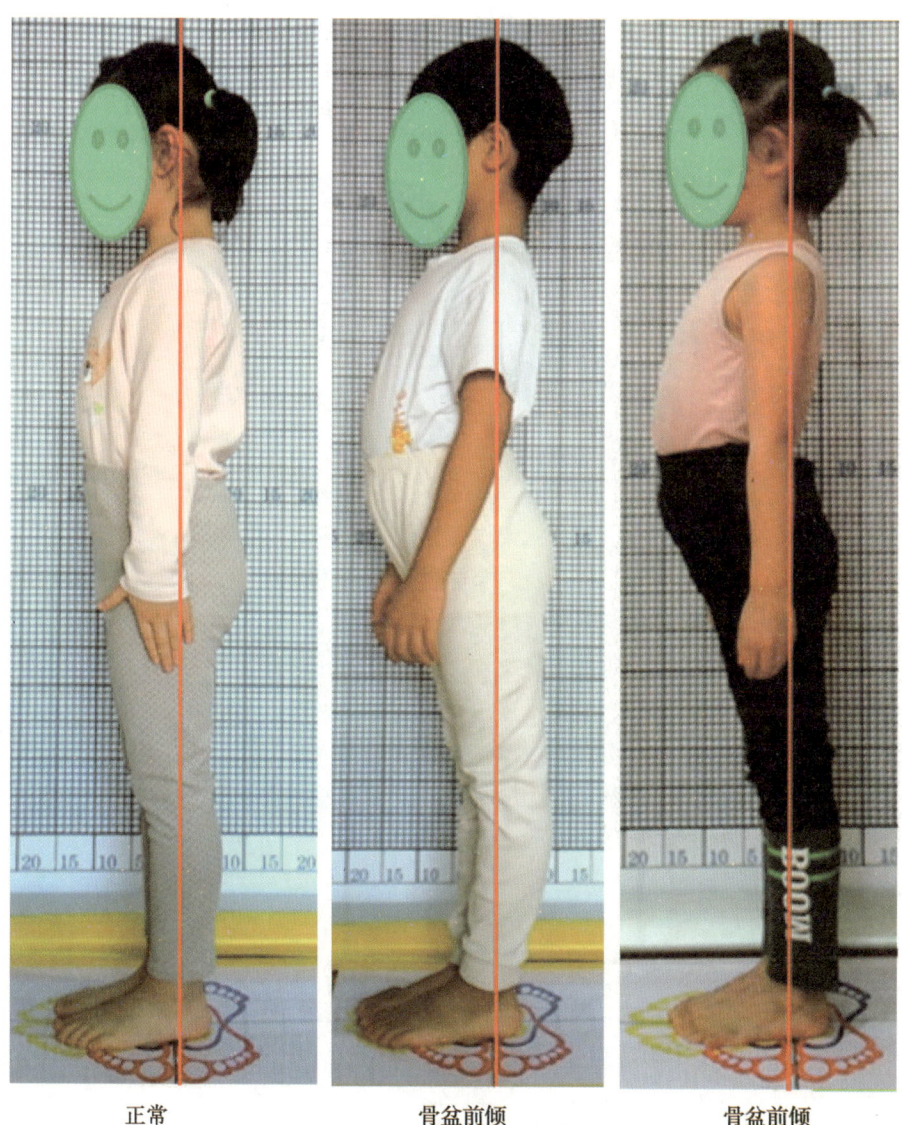

|正常|骨盆前倾|骨盆前倾|

图 2-7　骨盆前倾与正常骨盆比较

　　还有一种方法可以用来评估骨盆位置是否正常：让孩子两脚并拢，靠墙自然放松站立，头部、肩部、臀部贴在墙上。这个时候重点看孩子腰部和墙之间的空隙大小。如果只能插进一个手掌的厚度，说明骨盆的位置是正常的；但是如果可以插进一个拳头的厚度，甚至更大，那就说明孩子存在骨盆前倾问题了（图2-8）。

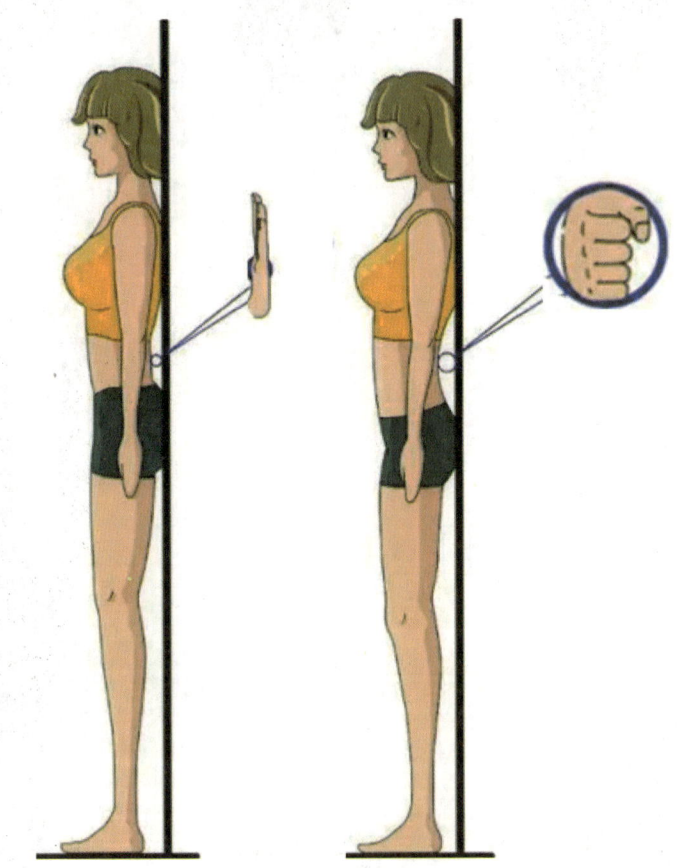

图2-8　骨盆前倾评估方法

骨盆前倾有三个重要特征：

第一，孩子站立、行走时总是挺着小肚子。

第二，臀部上翘。

第三，从侧面观察时，由于手臂的遮挡往往已经看不到孩子的后背了。这是骨盆前倾带动了腰椎过度前曲，进而向上带动胸椎也向前而造成的。

（二）骨盆侧倾评估方法

首先，让孩子脱掉鞋袜，穿紧身的衣服或只穿贴身内衣，两脚并拢放松站立。而后，从背面来观察，如果孩子骨盆两侧髂嵴等高，那么说明孩子的骨盆位置是正常的。如果发现孩子的一侧髂嵴高于另一侧髂嵴，说明孩子发生了骨盆侧倾；两侧髂嵴高度差越大，说明骨盆侧倾越严重（图2-9）。

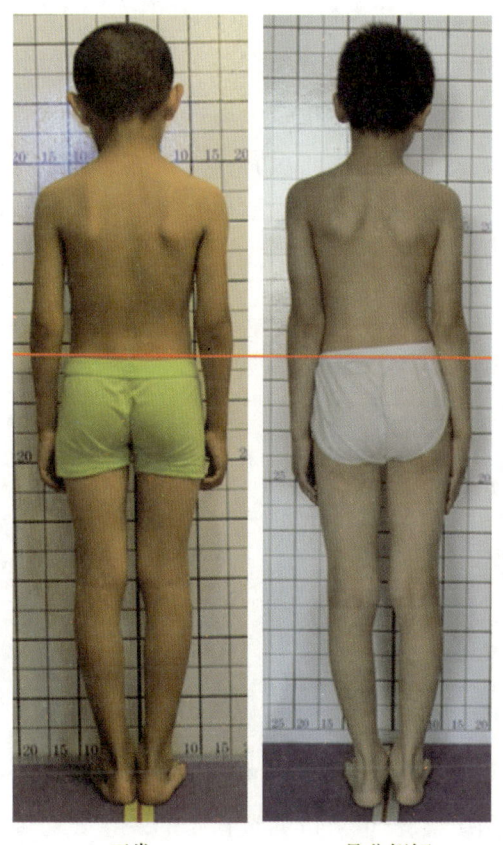

正常　　　　　　　　骨盆侧倾

图2-9　骨盆侧倾与正常骨盆比较

骨盆侧倾后往往会同时伴有高低肩、脊柱侧弯、头部侧倾、长短腿、身体侧倾等问题。

五、幼儿脊柱侧弯评估方法

脊柱侧弯已经继肥胖、近视之后，成了危害我国儿童健康的第三大疾病。[①] 脊柱侧弯是指脊柱偏离正中位置，身体向一侧弯曲的骨骼畸形，包括特发性脊柱侧弯、先天性脊柱侧弯、神经肌肉型脊柱侧弯等。其中，特发性脊柱侧弯是最常见的类型，占脊柱侧弯患者总数的85%以上。[②] 弯腰测试是评估孩子是否存在脊柱侧弯最简单的方法。

首先，让孩子脱掉上衣和鞋袜，双脚并拢，自然放松站立。然后，让孩子两臂前平举，两手掌对合。让孩子慢慢弯腰向下，两腿始终保持伸直，双手保持在双膝之间，弯腰至肩部与骨盆髂嵴等高即可。家长在孩子前面或后面，双目平视孩子后背，观察孩子脊柱两侧是否呈现较好的对称性，并且两侧是否等高；如果看到孩子脊柱两侧对称性很好且是等高的，那么孩子脊柱是正常的；如果发现脊柱两侧出现不对称性，胸廓畸形及肋骨隆起，那么，孩子已经发生了脊柱侧弯；脊柱两侧高度差越大，往往脊柱侧弯越严重（图2-10）。

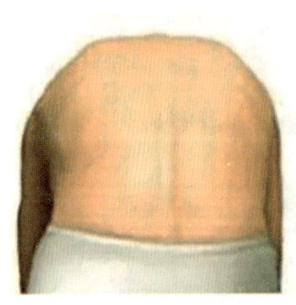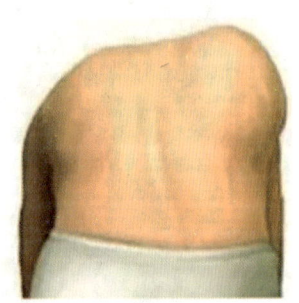

正常　　　　　　　　　　　脊柱侧弯

图 2-10　正常脊柱与侧弯比较

日常生活当中，家长也可以通过孩子的一些外在特征来判断孩子是

① 孙艺, 刘伟佳, 熊莉华, 等 . 广州市中学生脊柱侧弯现状及影响因素分析 [J]. 中国学校卫生, 2021, 42（12）:1867-1870.

② 叶启彬, 匡正达, 陈扬, 等 . 脊柱外科新进展 [M]. 北京: 中国协和医科大学出版社, 2019:55.

否发生了脊柱侧弯。如果孩子日常生活中，头总是歪向一侧、有明显的高低肩、站立时躯干一侧出现皮纹褶皱、胸廓异常隆起或凹陷、骨盆左右不对称，这些都要引起家长的足够重视，家长应及时进一步检查孩子是否存在脊柱侧弯。尽可能早发现、早矫正，及时止损，这样才不至于严重影响幼儿的生长发育。

六、幼儿驼背评估方法

首先，让孩子脱掉鞋袜，穿紧身的衣服或只穿贴身内衣，两脚并拢放松站立。而后，从侧面来观察，如果孩子耳垂、肩峰、髂嵴在一条垂线上，胸椎没有偏大的后凸，那么这说明孩子的胸椎是正常的。相反，如果孩子耳垂、肩峰、髂嵴不在一条垂线上，且胸椎向后凸出偏大，那么说明孩子发生了驼背（图 2-11）。

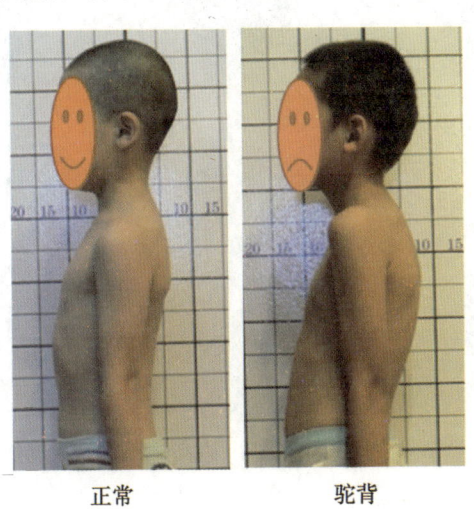

正常　　　　　　　驼背

图 2-11　正常脊柱与驼背比较

驼背是脊椎问题的其中一种。脊柱主要由 7 块颈椎、12 块胸椎、5 块腰椎三部分组成，每一部分皆有自然的弧度，即颈曲向前，胸曲向后，腰曲向前。合理的胸椎弯曲后凸，有利于维持胸廓，保护胸腔内的心脏和两侧的肺部，对于扩大胸腔的容积有重要作用。而驼背会导致胸廓畸形、膈肌活动受限、内脏受压、胸腹相贴等，极大影响呼吸、循环及消化功能。

七、幼儿高低肩评估方法

首先，让孩子脱掉鞋袜，穿紧身的衣服或只穿贴身内衣，两脚并拢放松站立。而后，从后面来观察，如果孩子左右肩的肩峰在一条水平线上，那么这说明孩子的双肩是正常的；如果左右肩的肩峰不在一条水平线上，一侧高于另一侧，那么说明孩子发生了高低肩问题；高低肩一般会同时发生左右两侧的肩胛骨下角不在一条水平线上的情况（图 2-12）。

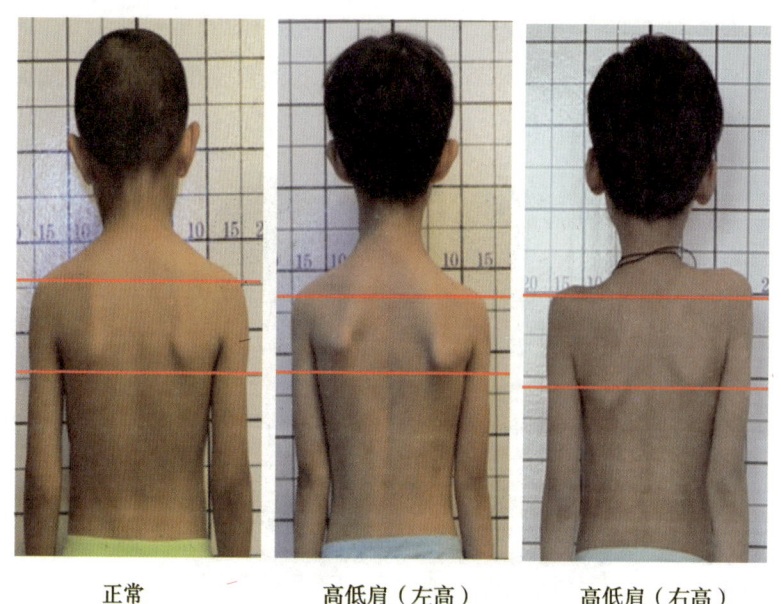

正常　　　　　　高低肩（左高）　　　　　　高低肩（右高）

图 2-12　正常肩与高低肩比较

八、幼儿圆肩评估方法

首先，让孩子脱掉鞋袜，穿紧身的衣服或只穿贴身内衣，两脚并拢放松站立。而后，从侧面来观察，如果孩子肩峰正对侧面，那么这说明孩子肩是正常的。如果孩子的肩峰有旋前（前探）的问题，那么说明孩子发生了圆肩；从背面观察，会发现圆肩往往会导致两侧肩胛骨下角距离扩大，并且上翘，形成"翼状肩"（图2-13）。

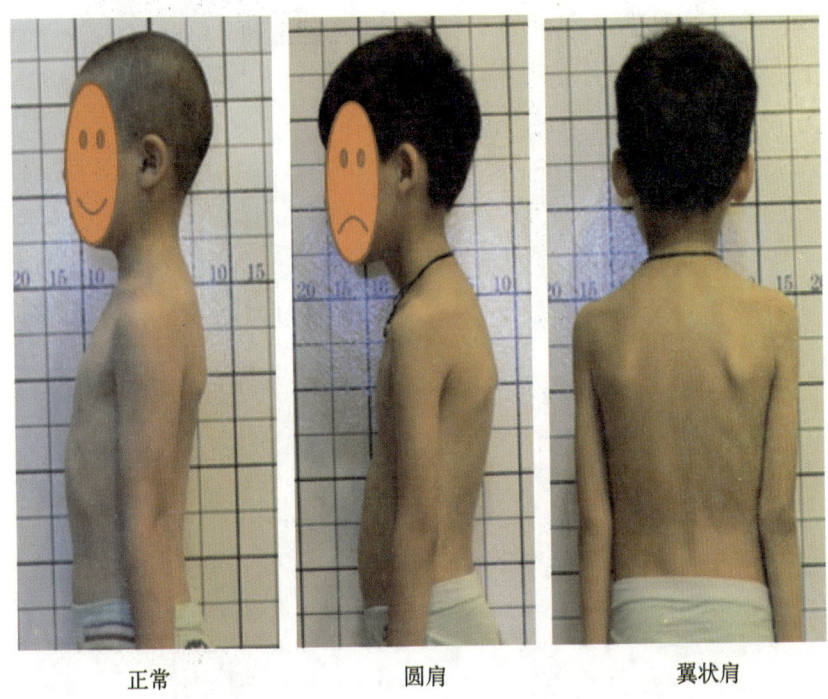

正常　　　　　　　　圆肩　　　　　　　　翼状肩

图2-13　正常肩与圆肩比较

圆肩不仅会影响孩子体态外貌的美观度，还会引起含胸驼背，所以圆肩驼背往往同时发生，两者之间会互相影响。

九、幼儿头部前倾评估方法

首先，让孩子脱掉鞋袜，穿紧身的衣服或只穿贴身内衣，两脚并拢放松站立。而后，从侧面来观察，在孩子不存在圆肩的前提下，如果孩子耳垂与肩峰在一条垂线上，那么说明孩子不存在头部前倾；如果孩子的耳垂位置在肩峰的前侧，那么，说明孩子发生了头部前倾，远离肩峰的距离越大，头部前倾越严重（图2-14）。

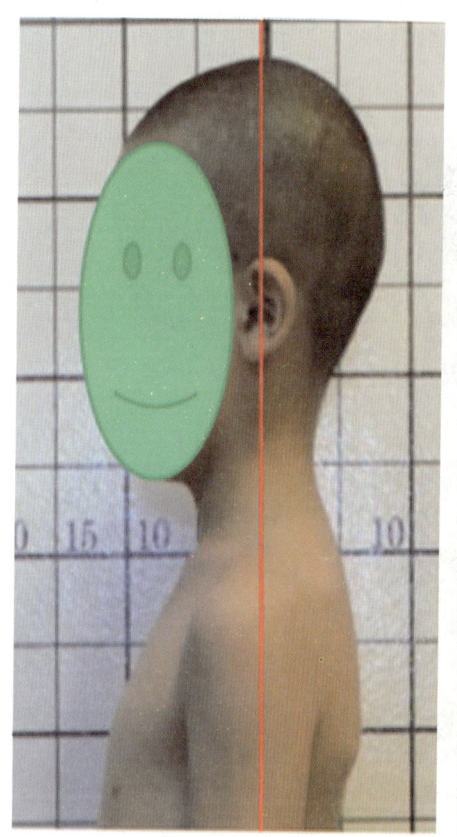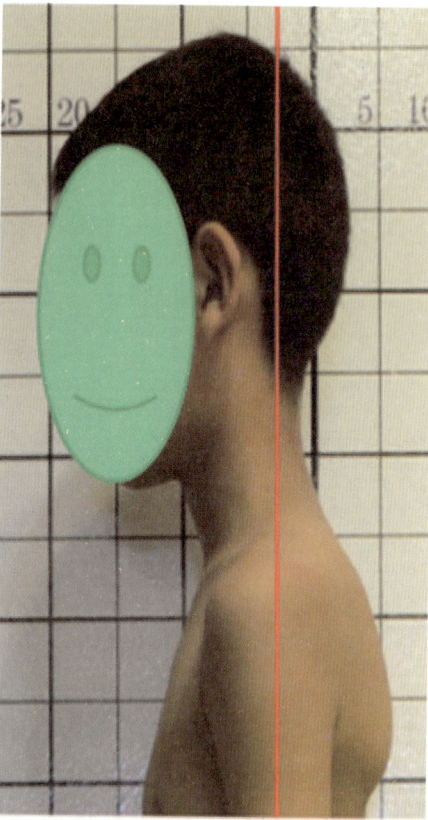

正常   头部前倾

图 2-14 正常头部与头部前倾比较

　　如果发生头部前倾，颈椎的曲度就会逐渐变直。颈椎的生理弯曲对于维持颈部的肌肉平衡非常重要，其能够对头部进行支撑，能够避免颅骨和大脑受到损伤。如果生理弯曲减小、消失，甚至反弓，将对身体健康造成很大危害。

第三章　幼儿常见不良身体姿态成因及危害

第一节 幼儿不良身体姿态现状

笔者针对幼儿不良身体姿态现状进行调查统计如下（表3-1）。

表3-1 幼儿不良身体姿态现状调查统计

类型	性别	统计人数	检出人数		轻度人数	中度人数	重度人数	合计	
			人数	占比				人数	占比
头部前倾	男	397	30	7.6%	15	14	1	72	8.6%
	女	440	42	9.5%	27	11	4		
高低肩	男	397	84	21.2%	81	2	1	190	22.7%
	女	440	106	24.1%	98	7	1		
脊柱侧弯	男	397	1	0.3%	0	0	1	3	0.4%
	女	440	2	0.5%	1	0	1		
圆肩	男	397	32	8.1%	26	6	0	60	7.2%
	女	440	28	6.4%	13	13	2		
驼背	男	397	0	0.0%	0	0	0	1	0.1%
	女	440	1	0.2%	0	1	0		
骨盆前倾	男	397	232	58.4%	82	106	44	414	49.5%
	女	440	182	41.4%	73	79	30		
骨盆侧倾	男	397	6	1.5%	2	2	2	11	1.3%
	女	440	5	1.1%	3	2	0		
O型腿	男	397	71	17.9%	44	16	11	145	17.3%
	女	440	74	16.8%	62	10	2		

类型	性别	统计人数	检出人数		轻度人数	中度人数	重度人数	合计	
			人数	占比				人数	占比
OX 型腿	男	397	75	18.9%	46	28	1	160	19.1%
	女	440	85	19.3%	62	23	0		
X 型腿	男	397	42	10.6%	41	1	0	73	8.7%
	女	440	31	7.0%	30	1	0		
膝超伸	男	397	68	17.1%	37	24	7	199	23.8%
	女	440	131	29.8%	54	54	23		

在 2022 年调查的 837 名（男 397 名，女 440 名）4～6 岁幼儿中，体态优良人数 78 人，占调查人数的 9.3%，存在不良体态人数 759 人，占调查人数的 90.7%；主要存在的不良身体姿态问题是骨盆前倾、膝超伸、高低肩，这三种不良体态的发生率比较突出；另外，比较严重的问题还有 O 型腿、OX 型腿、X 型腿的问题。

第二节　基本动作教育对幼儿身体姿态的影响

为了解基本动作教育对幼儿身体姿态的影响，在 2020 年幼儿园教师进行了基本动作技能教育培训，其目的是让幼儿教师掌握正确的动作技能，以便把正确、科学的基本动作技能教授给幼儿。培训内容包括移动类动作技能（走、跑、跳、攀、爬、滚、钻）、稳定类动作技能（下蹲、缓冲、伸展、屈体、转体、推拉、支撑、平衡、悬垂、停止）、操控类动作技能（投、抛、踢、接、拍、挥击、停球）的教学内容及教学方法。实施后每年对幼儿的身体姿态进行评估，结果如下：2020 年身体姿态评估数为 664 人（男 341 人，女 323 人），体态优良人数

16 人，占评估人数的 2.4%；2021 年身体姿态评估人数为 691 人（男 337 人，女 354 人），体态优良人数 31 人，占评估人数的 4.5%；2022 年身体姿态评估人数为 837 人（男 397 人，女 440 人），体态优良人数 78 人，占评估人数的 9.3%。男女幼儿的驼背、骨盆前倾、OX 型腿、膝超伸等问题有改善；整体来看，不良体态率有所降低，说明动作发展教育在改善幼儿不良体态方面发挥了一定作用，但现状依然严峻。详细统计结果如下（表 3-2）。

表 3-2　基本动作教育对幼儿身体姿态影响的研究统计

类型	性别	年份	统计人数	体态不良		轻度人数	中度人数	重度人数
				人数	占比			
头部前倾	男	2020	341	37	10.9%	18	17	2
		2021	337	64	19.0%	25	33	6
		2022	397	30	7.6%	15	14	1
	女	2020	323	30	9.3%	13	13	4
		2021	354	67	18.9%	30	30	7
		2022	440	42	9.5%	27	11	4
高低肩	男	2020	341	173	50.7%	73	94	6
		2021	337	107	31.8%	77	28	2
		2022	397	84	21.2%	81	2	1
	女	2020	323	130	40.2%	56	72	2
		2021	354	88	24.9%	70	18	0
		2022	440	106	24.1%	98	7	1
脊柱侧弯	男	2020	341	5	1.5%	5	0	0
		2021	337	5	1.5%	4	1	0
		2022	397	1	0.3%	0	0	1
	女	2020	323	4	1.2%	4	0	0
		2021	354	6	1.7%	6	0	0
		2022	440	2	0.5%	1	0	1

续　表

类型	性别	年份	统计人数	体态不良		轻度人数	中度人数	重度人数
				人数	占比			
圆肩	男	2020	341	46	13.5%	24	17	5
		2021	337	82	24.3%	53	25	4
		2022	397	32	8.1%	26	6	0
	女	2020	323	44	13.6%	11	26	7
		2021	354	67	18.9%	35	28	4
		2022	440	28	6.4%	13	13	2
驼背	男	2020	341	46	13.5%	24	17	5
		2021	337	6	1.8%	3	3	0
		2022	397	0	0.0%	0	0	0
	女	2020	323	44	13.6%	11	26	7
		2021	354	5	1.4%	2	3	0
		2022	440	1	0.2%	0	1	0
骨盆前倾	男	2020	341	255	74.8%	71	147	37
		2021	337	226	67.1%	79	133	14
		2022	397	232	58.4%	82	106	44
	女	2020	323	276	85.4%	49	145	82
		2021	354	292	82.5%	70	175	47
		2022	440	182	41.4%	73	79	30
骨盆侧倾	男	2020	341	35	10.3%	10	23	2
		2021	337	4	1.2%	0	3	1
		2022	397	6	1.5%	2	2	2
	女	2020	323	39	12.1%	21	18	0
		2021	354	5	1.4%	2	3	0
		2022	440	5	1.1%	3	2	0
O 型腿	男	2020	341	28	8.2%	16	9	3
		2021	337	49	14.5%	13	26	10
		2022	397	71	17.9%	44	16	11
	女	2020	323	25	7.7%	14	8	3
		2021	354	35	9.9%	14	15	6
		2022	440	74	16.8%	62	10	2

续 表

类型	性别	年份	统计人数	体态不良		轻度人数	中度人数	重度人数
				人数	占比			
OX 型腿	男	2020	341	193	56.6%	121	68	4
		2021	337	83	24.6%	55	27	1
		2022	397	75	18.9%	46	28	1
	女	2020	323	154	47.7%	122	30	2
		2021	354	92	26.0%	65	26	1
		2022	440	85	19.3%	62	23	0
X 型腿	男	2020	341	5	1.5%	3	2	0
		2021	337	6	1.8%	5	1	0
		2022	397	42	10.6%	41	1	0
	女	2020	323	6	1.9%	4	1	1
		2021	354	4	1.1%	2	1	1
		2022	440	31	7.0%	30	1	0
膝超伸	男	2020	341	185	54.3%	143	40	2
		2021	337	72	21.4%	46	24	2
		2022	397	68	17.1%	37	24	7
	女	2020	323	177	54.8%	125	47	5
		2021	354	101	28.5%	49	45	7
		2022	440	131	29.8%	54	54	23

第三节 幼儿足内翻、外翻成因及危害

一、幼儿足内翻的成因

（1）先天足部畸形是造成足内翻的重要原因之一，但比例较小，主要是后天原因引起的。

（2）中枢神经、脊髓病变和周围神经病变。足内翻可能因为大脑中枢神经引起，例如脑瘫；也可以由脊髓病变和周围神经病变造成。

（3）长时间穿小号的鞋子。由于孩子生长比较快，合适的鞋子很快就会变小，如果孩子长时间穿小鞋，脚趾总是处于屈曲状态，足部严重拱起，就会导致孩子足内翻。

（4）长久的盘腿坐。总是盘腿坐会拉长足外翻的肌群，造成足外翻肌群松弛，而足内翻肌群缩短，进而造成足内翻。

（5）错误的步态。内八字步态造成足内翻的概率会更高。

（6）踝关节背屈（勾脚尖）功能受限也容易引起足内翻（图3-1）。

足背屈受限

脚跟离地

图3-1 背屈受限

二、幼儿足内翻的危害

（1）俗话说"力生于足，行于腿"，足是人体整个下肢力线的基础。一旦足踝发生问题，就会导致整个下肢力线发生偏移，进而向上扭曲腿型、产生伤害。足踝功能当中至关重要的影响因素就是足弓的正常形成。正常情况下，新生的婴儿都是平足，足弓是在后天的不断刺激和使用中发展起来的，如果足弓过高就会导致足内翻，所以足内翻往往伴有高弓足的发生。高弓足，足底韧带过紧，足底与地面接触面积减小，局部压力增大，运动时往往会引发疼痛。

（2）足内翻的人特别容易发生崴脚。这是因为当足发生内翻后，内侧肌肉的收缩力越来越大，外侧的肌肉因张力被拉长，变得越来越弱。所以，这个时候崴脚就特别容易拉伤脚踝外侧的韧带和肌肉。而脚踝外侧的韧带和肌肉配备的数量是比较少的。从而，就容易造成孩子习惯性崴脚，增加损伤概率（图3-2）。

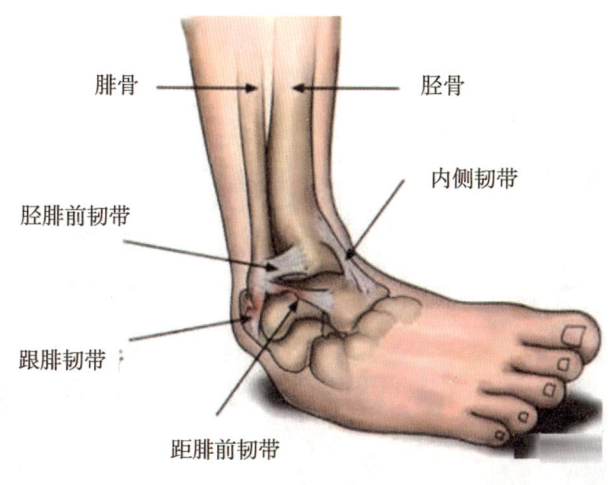

图3-2　脚踝韧带

（3）足内翻会诱发O型腿或OX型腿。足内翻改变了踝关节的受力结构，进而向上影响，会导致小腿内侧肌肉进一步收紧，诱发胫骨侧弯，形成O型腿或OX型腿。

（4）诱发内八字步态。

（5）膝关节疼痛。足内翻会导致下肢力学传递失衡，致使膝关节内外侧受力不均，引发膝关节疼痛。

三、幼儿足外翻的成因

（1）先天遗传。但比例很小，主要是后天原因引起的。

（2）孩子体重过大。很多家长觉得孩子体重大是身体强壮的表现，但过大的体重其实是孩子身体的一种负担，这种负担作用在足底，对孩子足弓后天的重建是非常不利的。

（3）孩子走路太早。孩子九个月的时候就可以扶着桌子、凳子等去站立行走，有些家长认为孩子这时就真正会走了，经常在学步带或学步车的辅助下让孩子练习行走，这对孩子的足弓发展也是不利的，可能造成足外翻。

（4）过早的穿硬底鞋或太软的鞋子。孩子的足弓发育是需要充分刺激才能得以发展形成的，穿硬底鞋或太软的鞋子（过度的保护，图3-3）会隔绝外界对足底的不同刺激，不利于孩子足弓的后天重建。

图3-3　婴儿足底过多的保护

（5）生活的环境地面都很坚硬和平坦。当前很多孩子日常生活的环境，无论是家内家外都是平坦、整洁、坚硬的地面，这对足弓形成的要求会降低，不利于足弓发展。

（6）运动不足。出门就坐车，学习压力大，静坐少动，足部肌群缺乏锻炼，会耽误孩子足弓发展。

（7）过多的运动。很多运动都需要足底承受压力，如果运动过量，疲劳的足底肌肉就没有办法保护足弓，面对反复的压力，足弓就会出现塌陷，甚至完全消失。

（8）错误的步态。外八字步态造成足外翻的概率会更高。

四、幼儿足外翻的危害

（1）足底疼痛。人体为了减轻地面的冲击力，做了各种各样的保护。那么第一道防线就是足弓，它能起到非常好的缓冲作用。同时，足弓又是神经血管通过的重要部位。它比前脚掌和后脚跟都要柔软，足部所有的神经血管全部是从足弓通过的。如果足弓塌陷，形成足外翻和扁平足，那人在行走或运动时，足弓就会频繁受到压迫，产生足底疼痛。

（2）诱发 X 型腿。双足是支撑身体的根基。日常行走、奔跑时力是由下而上传递的，如果双足外翻，就会导致小腿外侧肌肉进一步收紧，诱发胫骨外展，形成 X 型腿。

（3）诱发拇外翻。拇外翻（图 3-4）一般是大拇指压在了二拇指上，每走一步，就挤压一下，疼一下，严重影响生活质量。

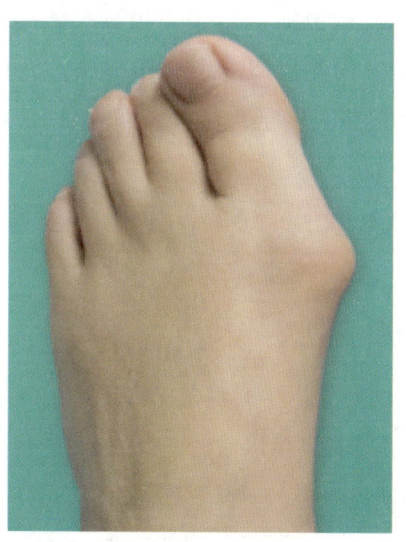

图 3-4　拇外翻

（4）降低运动能力。足弓使足部具有坚固、轻巧和弹性的特征，可承受较大的压力和缓冲行走、跑、跳时对身体所产生的振动，同时还可保护足底的血管和神经等免受压迫。一旦足外翻，足弓塌陷，孩子的运动能力就会受到严重影响。

（5）诱发外八字步态。

（6）增加损伤概率。足外翻会增加脚踝内侧的张力，以及脚踝外侧的压力。脚踝内侧的张力增加，会延长并弱化内侧副韧带，使内侧脚踝容易扭伤。

（7）膝关节疼痛。足外翻会导致下肢力学传递失衡，这是因为足外翻会使膝盖向内倾斜，让大腿和小腿发生相对的旋转，也就是大腿对于小腿向内旋，或者小腿相对于大腿向外旋。在负重情况下就很容易造成膝外翻，长此以往就会导致腿型慢慢变歪，致使膝关节内外侧受力不均，引发膝关节疼痛。

（8）引发大腿内旋。足外翻会导致内侧脚踝成为承重点，这样容易使大腿内侧肌群紧张，同时在运动时，足底和地面的冲击力首先作用于膝关节外侧。由于大腿内侧肌肉紧实（相对于腿部外展肌群），容易让股骨内旋，会在膝关节内侧形成一个反作用点，夹在膝关节中间。这个反作用力又会作用于股骨大转子，使其朝外侧突出，形成假髋。

第四节　幼儿 O 型腿、X 型腿、OX 型腿成因及危害

一、幼儿 O 型腿的成因

（1）绑腿。正常的婴儿出生时都是 O 型腿，在后天的动作发展中会自我矫正，自然变直（孩子在出生以后的三个月里，随着身体肌力的增强，腿部力量的增加，会不断地蹬腿，一直到三翻六坐，七八个月爬行，腿型都在逐步的自我完成矫正，特别是在十一个月开始直立行走时，是孩子腿部力量自我平衡发展的关键时期，这后续的两年里也是孩子 O 型腿自我矫正的关键期，只要不人为过多干预，三岁时，腿就自然变直了）。但有些家长为了矫正婴儿的 O 型腿，通过绑带或被单给孩子绑腿（图3-5），不仅耽误了孩子的动作发展，影响到孩子正常的生长发育，还破坏了腿型自我矫正的进程，造成孩子 O 型腿。

图 3-5　绑腿

（2）学步车。在孩子学习走路的过程中，因为孩子神经系统、运动系统尚不完善，走动时头重脚轻根底浅，往往会摔倒，摔倒磕碰了之后就会哇哇痛哭。家长心疼孩子，就买个学步车（图 3-6），把孩子往里面一放。学步车下边有六个轮子甚至八个轮子，孩子在里边划过来划过去，再也不用担心孩子摔倒了。但是这些行为妨碍和剥夺了孩子腿型的自我矫正和发展的机会，会造成孩子一辈子 O 型腿。

图 3-6　学步车

（3）盘腿坐、跪地坐。孩子生长发育过程中长时间盘腿坐（图3-7）、跪地坐，会不断拉伸小腿和大腿外侧的肌群，造成胫骨侧弯和股骨外旋，最后形成 O 型腿。

图 3-7　盘腿坐

（4）足内翻。足内翻的影响类似盘腿坐，也会诱发 O 型腿。

（5）过早、长期地进行武术或足球训练。足球和武术这两个运动项目的动作都会导致腿部内侧肌肉力量越来越强。久而久之就会造成腿部骨骼的变形，诱发孩子 O 型腿的形成。当然，家长们也不必过分恐慌，不要因噎废食，只要不让孩子在幼儿时期长期、频繁地去进行这两项运动就好。

（6）佝偻病。在西医领域，佝偻病被认为是由体内的维生素 D 不足导致的，进一步导致钙磷的代谢异常，最终导致 O 型腿。

二、幼儿 O 型腿的危害

（1）膝关节痛。膝关节的结构，是由内侧半月板和外侧半月板共同来支撑膝部以上身体重量的。一旦形成 O 型腿，这一重量就会主要作用在膝关节的内侧半月板上。这样就大大加重了内侧半月板的磨损，造成内侧半月板和内侧关节面磨损坍塌，继而发生关节炎、关节痛（图 3-8）。

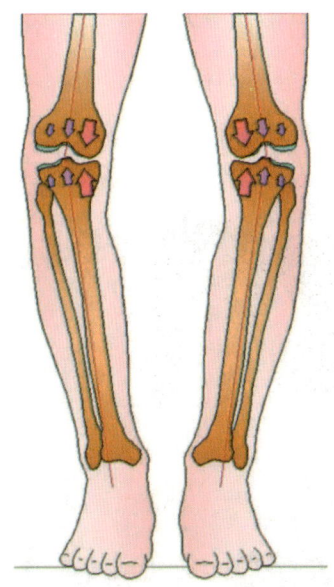

图 3-8　O 型腿关节痛

（2）随年龄增加形变更加严重。O 型腿如果不及时矫正，形变会随年龄增加越来越严重，这是因为腿部内外侧肌力失衡越发严重，内侧肌肉的收缩力会越来越强，外侧的收缩力会越来越弱，进而影响到骨骼，引发骨骼形变。

（3）影响运动能力。运动中的移动性动作绝大部分需要下肢的参与，O 型腿会导致由下向上传递的力发生偏离，进而影响运动效果。

（4）影响身高和气质。O 型腿是腿的弯曲而造成的，弯曲后的腿不仅影响腿长，造成身高低矮，而且从外观来看影响体态及气质，也会影响孩子形体美和自信心。

三、幼儿 X 型腿的成因

（1）足外翻。足弓发展不足，形成的足外翻，会诱发 X 型腿。

（2）过早、长期地进行轮滑、滑冰或游泳（蛙泳）训练。这些运动有一个共同的特点，都需要扣膝，长期从事这些运动会导致 X 型腿。

（3）习惯性 W 坐。如果孩子在日常生活当中，习惯性地保持将两条大腿分开，两小腿向两侧分开坐的坐姿，俗称"W 坐"（图 3-9），虽然看起来很可爱，但是很容易导致 X 型腿的发生。

图 3-9　W 坐

（4）错误的动作模式，下蹲时习惯性扣膝。正常的下蹲动作，是两脚分开，屈膝屈髋下蹲，下蹲时膝关节应沿着两个脚尖的方向来进行下蹲。如果孩子在日常下蹲的运动过程当中，两个小腿撇着，双膝膝盖总是往一块靠，这样的下蹲就容易导致 X 型腿的发生。

（5）佝偻病。在西医领域，佝偻病被认为是由于体内的维生素 D 不足导致的，进一步导致钙磷的代谢异常，最终导致 X 型腿。

四、幼儿 X 型腿的危害

（1）膝关节痛。X 型腿的危害恰好跟 O 型腿相反，主要的问题是膝关节的作用力主要集中在外侧半月板上，易导致外侧半月板磨损、塌陷，继而发生了关节炎、关节痛（图 3-10）。

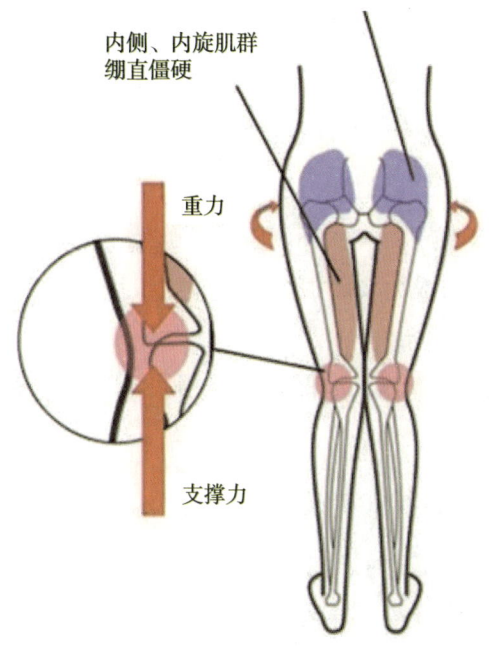

内侧、内旋肌群
绷直僵硬

重力

支撑力

图 3-10　X 型腿关节痛成因

（2）影响运动能力。X 型腿往往会伴随大腿的内收和内旋，小腿的外展，行走、奔跑时，两个膝关节总是碰撞、打架，影响孩子的正常运动。

（3）造成人体各关节磨损加重。X 型腿的人行走、奔跑时，为了两膝不打架，会刻意增加两脚之间的横向距离，这样也会加大两腿的横向距离。结果会导致人体在运动时上身的左右摇摆幅度会加大，进而就加重了人体膝关节、髋关节和腰椎的磨损程度。

（4）诱发足外翻。X 型腿会导致小腿内侧肌肉比较松弛，进而诱发扁平足，影响足弓的正常形成。

五、幼儿 OX 型腿的成因

盘腿坐、跪地坐、扣膝蹲、踢球等都是 OX 型腿的形成原因。

六、幼儿 OX 型腿的危害

OX 型腿主要是膝关节方向加踝关节方向出错引发的腿型问题。膝关节方向出错是由膝关节外翻，也就是大腿内侧肌群紧张僵硬，而臀大肌、臀中肌等臀部肌群松弛无力引起；踝关节方向出错是由踝关节内翻，小腿内侧肌肉紧张僵硬而小腿外侧肌肉松弛无力引起。这样就会导致膝、踝关节力线失衡，造成关节磨损加重和软组织拉伤。

第五节　幼儿膝关节超伸成因及危害

一、幼儿膝关节超伸的成因

（1）肌肉力量不足。孩子日常运动不足，缺乏力量训练，肌肉力量难以保持关节的正确位置，导致膝关节超伸。

（2）运动训练不当。在舞蹈、武术等项目中都需要较好的柔韧性，压腿是常见练习柔韧性的方法，如果训练不当，会导致关节囊和韧带松弛，同样会造成保护关节正常位置功能的缺失，形成膝关节超伸（图3-11）。所以，教练员不要把所有的孩子当作运动员培养。

图 3-11　不当的压腿

（3）损伤。例如，运动中的撞击会造成膝关节损伤；或运动中经常性的急停，使关节韧带松弛，这些都可能导致膝关节超伸。

（4）错误的动作模式。日常站立时身体重心过于靠前，行走时过度伸膝。

二、幼儿膝关节超伸的危害

（1）膝关节应力失衡。一旦形成膝关节超伸，孩子无论是在静立状态下，还是在运动状态下，膝关节整个应力都会失常，造成膝关节得不到应有的缓冲保护，特别是膝关节前面的髌骨压力会大大增大，极容易造成髌骨关节的损伤。

（2）身体姿态代偿。当孩子发生膝关节超伸时，孩子的小腿就会向后，造成重心后移，孩子的身体为了维持平衡上体就会前移，造成骨盆前倾，从而导致整个人体的重力线失衡。这样一来，孩子的全身关节的压迫感会更强，磨损会大大加重，进而腿部后侧产生的张力也会大大增加，所以膝关节超伸的孩子足跟容易发生疼痛（图3-12）。

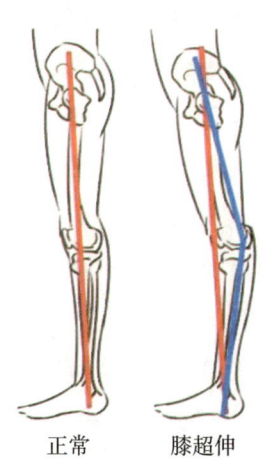

正常　　　膝超伸

图 3-12　膝关节超伸代偿

（3）造成动作模式错误。由于膝关节超伸，孩子整个下肢的受力结构发生变化，会导致日常中的走、跑、跳等动作模式产生错误。整个受力无法垂直向上传递，所以膝超伸的孩子跑不快、跳不高，还容易发生运动损伤。

（4）加重关节磨损。膝关节超伸的孩子膝关节周围的韧带和关节囊松弛，这样一来对膝关节的保护作用就大大降低，进而导致膝关节磨损更加严重。

（5）股四头肌易发生痉挛。由于代偿作用，会造成孩子大腿前侧的股四头肌总处于紧绷状态，长时间的肌肉紧张，易诱发肌肉痉挛，也就是所谓的抽筋。

（6）长期的膝关节超伸会导致小腿变粗，走路、跑步时小腿会先累。

第六节 幼儿骨盆前倾、侧倾成因及危害

一、幼儿骨盆前倾的成因

（1）静坐少动，运动比较少。身体肌肉分为前侧肌群链和后侧肌群链。孩子出生后前三个月里，平躺在床上蹬腿，锻炼的就是整个身体的前侧肌群链的力量；等孩子三个月后翻身抬头和七八个月爬行的过程，主要锻炼的就是后侧肌群链的力量。但是由于现在的孩子们大部分时间都在家里静坐少动，活动比较少。尤其是当孩子坐在沙发或椅子上的时候，他的腿和髋关节属于屈曲状态。髋关节前侧肌群会缩短，而后侧和臀部的肌肉就会被拉长。这样的话就造成带动骨盆前旋的肌肉（髂腰肌、阔筋膜张肌、股直肌等）越来越紧缩变短，而带动骨盆后旋的肌肉（臀大肌、腘绳肌）被拉得越来越松弛（图3-13）。当孩子直立起来的时候，由于带动骨盆前旋的肌肉缩短，就会拉伸骨盆前旋，造成骨盆前倾。

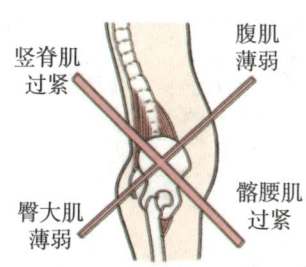

竖脊肌
过紧

腹肌
薄弱

臀大肌
薄弱

髂腰肌
过紧

图 3-13 骨盆前倾肌肉变化

（2）婴儿期绑腿。正常的婴儿出生时都是 O 型腿，很多家长为了矫正婴儿的 O 型腿，通过绑带或被单给孩子绑腿，这也会造成幼儿骨盆前倾。这是因为婴儿在 0 ～ 3 个月，躺在床上开始踢腿，做单腿上举或双腿上举，这些锻炼会帮助婴儿强健腹部和腰部的肌肉群，保证腹部的器官在正确的位置上。当 3 个月时，婴儿腰腹部的肌肉已足够强壮，能够支撑腹内的器官了，这对预防骨盆前倾是非常重要的。但如果这一时期给婴儿绑腿，就会影响婴儿腹部、腰部肌肉群的发展，导致内脏器官位置的不稳定性，进而导致内脏器官下垂、骨盆前倾的问题。

（3）不当的体育锻炼。笔者发现在很多训练项目中，牵拉骨盆前旋肌肉的练习比较多，而忽略牵拉骨盆后旋肌群的练习，从而导致前后肌群力量发展不平衡，造成孩子骨盆前倾。比如跆拳道（图 3-14）、武术、舞蹈训练中前踢腿练习非常多，导致带动骨盆前旋的肌群越来越紧；而拉伸放松时，反而拼命拉伸大腿（压腿）和躯干（体前屈）后侧肌群（图 3-15），导致带动骨盆后旋的臀大肌、腘绳肌越来越松弛。

图 3-14 跆拳道

图 3-15　体前屈拉伸放松

4.错误的动作模式。日常站立时挺腹，身体重心过于靠前，行走时过度伸膝，均会导致骨盆前倾。

二、幼儿骨盆前倾的危害

（1）骨盆是脊柱的基础，所以骨盆前倾通常会严重影响人体整体姿势，造成孩子内脏器官下垂，影响器官发育，进而影响孩子健康成长。

（2）引起孩子肚子疼和漏尿。这是因为在正常情况下，内脏器官是坐落在盆底肌上的，而盆底肌就像一个蹦床一样，它有非常好的弹性。所以在孩子蹦跳的时候，盆底肌往往起到一个非常好的缓冲。内脏器官在这种缓冲作用下就不会受到猛烈碰撞。但是如果发生骨盆前倾，那内脏器官就会直接碰撞到耻骨之上。所以，严重骨盆前倾的孩子在跑跳的时候不仅会肚子疼，还容易产生漏尿的问题。

（3）带动腰椎过度前凸，影响整个脊柱正常曲度。脊柱是坐落于骨盆之上的，当骨盆前倾时就会带动腰椎过度前凸，腰椎过度前凸不仅会造成腰间盘后侧压力增大而膨出，而且会向上带动胸椎向前，进行造成胸凸的消失，形成平背，严重影响脊柱的生理功能。（图3-16）。

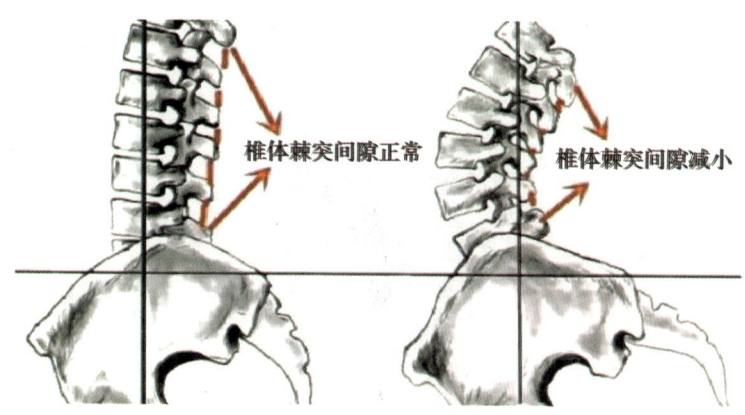

椎体棘突间隙正常　　椎体棘突间隙减小

图 3-16　骨盆前倾腰椎变化

（4）骨盆前倾非常突出的特征就是腹部凸起、臀部上翘，当骨盆前倾严重或是持续时间很久，就会出现因为脊柱为了维持在垂直的位置而导致脊柱被迫向后移动以及被拉伸的肌肉疼痛。

（5）骨盆前倾还会导致髋臼往前移动，相对股骨头就改变了两个骨头面的接触，增加髋部屈曲会增加髋部内转肌的力矩及减小外转肌的力矩，进而改变体重及地面反作用力传导的位置。长期如此，会导致髋部功能性退化，并引起腰间盘退化及下背痛。

（6）不自觉盘腿坐。骨盆前倾的孩子坐地上时，总是不自觉地想将双腿盘起来，缓解腰部的不适。

（7）走路易绊倒。骨盆前倾的孩子走路时由于重心不稳，比较容易绊倒。仔细观察会发现左右鞋底的磨损程度是不同的。而且在走路时，患者容易出现膝盖外旋的现象或出现 O 型腿。

（8）膝关节、脚踝疼痛。下肢为了维持身体的平衡，容易出现膝关节过伸等代偿骨盆前倾，增加膝、踝关节压力。

三、幼儿骨盆侧倾的成因

（1）非常重要的一个原因就是长短腿。一旦孩子发生长短腿，骨盆想摆正是很难的。因为骨盆是坐落在双腿之上，双腿不一般齐，那么骨

盆也就很难摆正。所以，长短腿是造成孩子骨盆侧倾非常重要的原因之一。（图3-17）

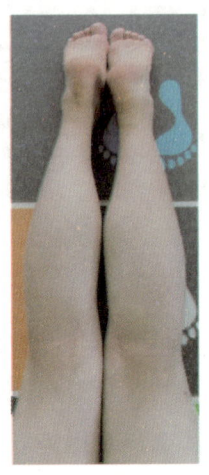

图 3-17　长短腿

（2）孩子经常性地跷二郎腿。跷二郎腿的时候，需要把一侧腿跷到另一条腿上，久而久之一侧骨盆就会提高，另一侧骨盆就会降低，最后形成骨盆侧倾。（图3-18）

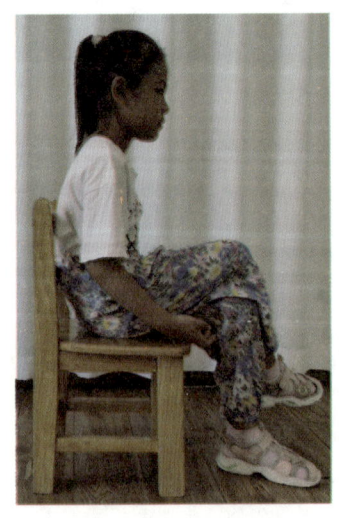

图 3-18　跷二郎腿

（3）就是长期不正确的坐姿。很多孩子在坐着的时候，总是把身体的重心集中在臀部的一侧。久而久之就会造成孩子的臀部一侧大一侧小，两侧发育不均衡。然后导致长短腿，接着就带来骨盆侧倾的问题。所以，长期坐姿不正确也是导致骨盆侧倾非常重要的原因之一。

（4）错误的动作模式。日常站立时身体重心总是偏向一条腿，进而诱发骨盆侧倾。

（5）骨盆左右两侧肌力发展不平衡。例如臀中肌，臀中肌位于骨盆外侧，附着于髂骨两侧的髂骨翼和股骨大转子之间，臀中肌的长度和力量大小会直接影响到骨盆在额状面上的位置，双侧失衡会导致骨盆发生侧倾。

四、幼儿骨盆侧倾的危害

骨盆是人体"一柱两腿三面"当中的第二个平面，是人体承上启下的中枢，上面支撑着脊柱，下面连接着双腿（图3-19）。当人体骨盆发生侧倾时，身体的骨架为了维持新的平衡，就会偏离正常的位置，久而久之会导致形变和功能性、结构性障碍，整个人体骨架像"多米诺骨牌"一样，向上向下发生坍塌。向上脊柱会发生侧弯，继而引发高低肩、头部侧倾的问题；向下会引发长短腿等问题（图3-20）。骨盆侧倾后，附着在骨盆上的肌肉无法良好工作，会导致骨盆的整体功能下降，膝关节压力也失衡。同一双鞋两只脚的磨损程度总是不一样；肩颈与背部特别僵硬，怎么按摩都无法舒缓；出现这些问题时可能是身体已经歪斜了。

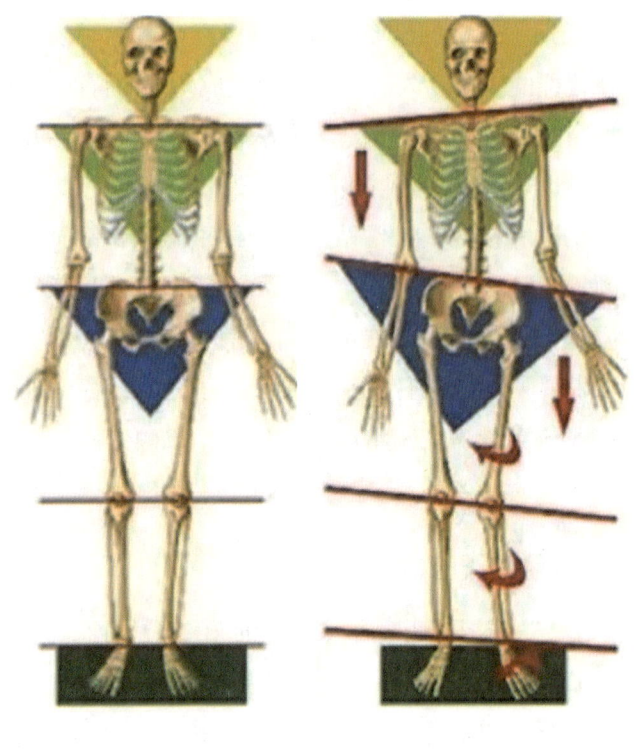

图 3-19　正常骨盆　　　　图 3-20　侧倾危害

第七节　幼儿脊柱侧弯成因及危害

一、幼儿脊柱侧弯的成因

（1）先天性脊柱侧弯。由于发育不良，生来就存在脊柱侧弯。

（2）养育方式不科学。人的脊柱有四个生理弯曲，分别是颈曲向前、胸凸向后、腰曲向前、骶曲向后。但其实在胎儿时期，脊柱只有向后凸出的曲度。婴儿 7 ~ 8 个月的时候开始学习爬行，"爬"是促进婴儿脊柱发展、身体协调性、平衡左右脑发展的重要动作；爬行时会抬头左顾右盼、辨别方向，同时在爬行的过程当中，脊柱一左一右像毛毛虫似的，就促进了脊柱的正常的发展和脊柱的颈曲、胸凸和腰曲进一步的形成。所以，爬行是婴儿张拉整体结构，促进脊柱发展的重要阶段。至此脊柱的生理弯曲已初步形成，但功能尚需完善。所以家长一定要让孩子多爬行，这对孩子的脊柱成长是非常重要的。但是，很多家长不了解其中的重要性，一是让孩子过早地垫枕头；二是怕孩子磕碰或发生危险，从而让孩子爬得比较少；还有就是孩子被抱得太多，尤其是孩子哭的时候，再加上个别家长抱孩子的姿势不正确。这样就容易造成孩子发生脊柱侧弯。

（3）孩子参与和练习单侧运动过多。比如乒乓球、羽毛球这两项运动。乒乓球、羽毛球都是单侧用力，总是习惯性地用优势手来单侧发力。久而久之，就会造成孩子脊柱侧弯。

（4）拉丁舞、民族舞等舞蹈中不正确的动作练习，尤其是女孩。有研究发现，不进行体育舞蹈训练的女孩和进行体育舞蹈训练的女孩相比，脊柱侧弯发生的比率是1：8，也就是练体育舞蹈的女孩脊柱侧弯的发生率是不练体育舞蹈女孩的8倍。那么，是什么原因导致孩子越训练、越活动，脊柱侧弯的发生率越高呢？研究发现一是因为动作的准确程度，很多教练员教孩子的动作存在不准确的现象，久而久之导致椎体位置发生改变，导致脊柱侧弯；二是舞蹈训练中有过多的柔韧性训练，幼儿、少儿时期肌肉力量本身就比较弱，而肌肉对稳定脊柱的位置及结构发挥着重要作用，过多的柔韧性训练会导致肌肉被拉长，变得更加松弛，达不到保护脊柱的作用，从而发生脊柱侧弯。

（5）不良坐姿（跷二郎腿坐、歪腰坐、弯腰驼背坐等）、站姿（斜身站、弯腰塌背站、重心偏于一条腿站等）。幼儿正处于身体发育最迅速的时期，长期坐姿、站姿不良，很容易导致脊椎侧弯（图3-21）。

图 3-21 不良坐姿

（6）课桌椅高矮和孩子身材不相适应，时间久了也会引起脊柱侧弯。

（7）运动不足，造成孩子脊柱两侧肌肉无力，达不到有效保护脊柱位置的作用，形成脊柱侧弯。

（8）营养不良和缺乏维生素 D、钙使骨质松软，肌肉松弛无力，造成脊柱侧弯。

二、幼儿脊柱侧弯的危害

（1）脊柱一旦侧弯，无论是左侧弯、右侧弯，C 型侧弯或 S 型侧弯（图 3-22），都会对孩子的内脏器官造成压迫。特别是肺部，脊柱侧弯不利于肺部的发展，对肺功能产生严重的影响，有的会出现心跳加速，呼吸急促等问题。

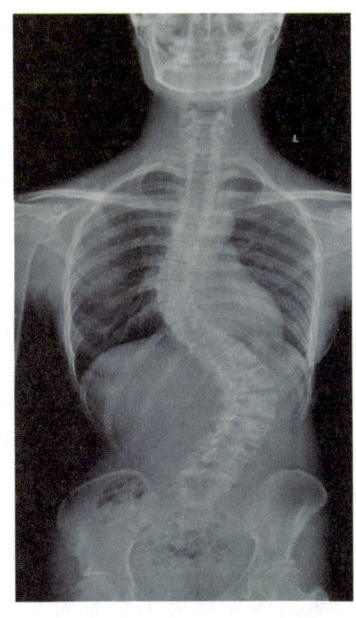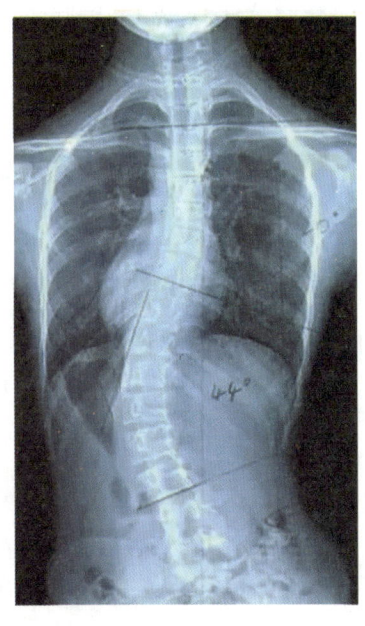

图 3-22 脊柱 C 型和 S 型侧弯比较

（2）影响孩子的椎体，使其灵活度下降。脊柱是人体神经中枢传导的一个重要的通道。大脑是人体的司令部，整个神经中枢通过脊柱发散到人体的各个部位。一旦脊柱发生侧弯，那么整个神经中枢的传导就会受到抑制，或者是传输的信号受到影响。从而导致人体的动作不准确，造成神经受损、消化不良、心跳反常、肢体感觉障碍、腿脚麻木等问题。

（3）发生脊柱侧弯的孩子，一般生长发育都会受到严重的影响：身材矮小、活动范围受限。特别是女性，一旦发生重度脊柱侧弯，医生是不建议怀孕生育的。因为孕育的过程会对母亲的生命造成一定危害，也不利于胎儿的正常发育。而现实生活当中，男女发生脊柱侧弯的比例是1：4。女孩发生的概率远远高于男孩。所以，妈妈们和家里有女孩的家长一定要特别注意。

（4）影响生活质量。脊柱侧弯发生以后，脊柱附着的肌肉和韧带会出现慢性反复的劳损，容易引起腰背部酸痛，成年后，容易出现神经受压、椎管狭窄等情况，引起腰腿疼痛、跛行等症状，严重影响生活质量。

第八节 幼儿驼背成因及危害

一、幼儿驼背的成因

（1）大部分驼背是由错误的生活姿态造成的。在错误的姿态中，肌肉的力量和张力会出现失衡，最终导致不良体态的出现。例如，长时间弯腰驼背写作业、使用电脑、看书、玩手机是幼儿驼背的主要原因（图3-23）。这是因为这些姿势会造成身体后侧的肌肉被持续拉长，张力变低，长此以往，肌肉就失去了原本的力量及收缩能力；而身体前侧肌肉被动缩短，长期处于没有张力的状态，肌肉收缩的能力逐渐降低，最终导致伸缩能力不足，身体无法返回正确姿态。

图 3-23 不良坐姿

（2）长时间习惯性低头窝胸也会造成驼背，这是因为长时间低头窝胸，胸前肌肉和韧带会紧缩，后背的肌肉和韧带会松弛，日久则形成脊柱肌肉和韧带前紧后松，形成驼背。

（3）运动导致的肌力不平衡也会造成驼背。这是因为很多幼儿运动时缺乏专业教师的指导，躯干前后侧肌力发展不平衡，胸大肌、腹直肌等肌群练习过多，前侧肌群过紧而形成驼背。

（4）精神压力过大也会造成驼背。这是因为人体呼吸主要是由膈肌进行的，还有很多辅助呼吸的肌肉，如胸小肌、斜方肌上束、斜角肌。当人紧张、愤怒的时候，膈肌的动力就不足以供应身体的需氧量，这个时候辅助呼吸肌开始辅助工作。但是如果长期处于紧张或者愤怒状态，辅助呼吸肌都处于紧张、肥大状态，并且随时进入激活状态，这个时候人体的膈肌功能就会被弱化一部分，慢慢也就被抑制了，后来几乎完全被辅助呼吸肌取代，胸小肌、上斜方肌、斜角肌开始变得肥大、紧张，导致驼背。

（5）跑步时呼吸不正确也会造成驼背。跑步是要求呼吸节奏的，并且需要正确的呼吸方式。跑步时应该用口与鼻共同吸气，用口呼气，慢速跑用三步一呼、三步一吸的呼吸法，中速跑用二步一呼、二步一吸的呼吸法，快速跑用一步一呼、一步一吸的呼吸法。跑步时不宜只用鼻呼吸，因为跑步时，人体对氧的需求量增加，如果跑步时只用鼻呼吸，将满足不了人体对氧的需求量。此时，人体势必迫使呼吸肌加强活动，加快呼吸频率，以增加肺的通气量，满足人体对氧的需求。其结果是，呼吸肌会较快地产生疲劳，反而影响氧的供应。因此，人们在跑步时要注意掌握呼吸动作的节奏，适当张口协助鼻进行呼吸。通过口腔，还可以辅助散发运动中体内产生的热量。但是，在严冬进行跑步时，张口要适当，这样可以使吸入的冷空气经过口腔时得到温暖，从而减小对呼吸道和肺的不良刺激。强度超出自己负荷的运动量，或者过远距离的跑步力竭的时候，人体已经不能完成正确的呼吸。这个时候，人们为了足够的氧气摄入会动用辅助呼吸肌肉，导致辅助呼吸的胸小肌、斜方肌上束和斜角肌等开始过度用力，引起其紧张肥大，导致驼背。

（6）身体呈骨盆前倾的状态时，人体的腰椎后侧腰方肌、竖脊肌缩短，造成腰椎的曲度过大，呈一个后仰的姿势。为了平衡身体的重心，人体的胸椎曲度常会增大以保持平衡，极易造成驼背的状态。

（7）营养不良和缺乏维生素 D、钙使骨质松软，肌肉松弛无力，造成佝偻病性驼背。

（8）课桌椅的高矮和孩子身材不相适应，时间久了也会引起驼背。这是因为过低的书桌会导致孩子含胸、弯腰、臀部前移、肩部抵靠椅背等姿势，久而久之便会造成体态异常的后果。

二、幼儿驼背的危害

（1）胸腔会受到挤压。当孩子出现驼背时，身体的重心会前移，孩子就会弯腰，然后胸廓就会受到挤压。胸廓受到挤压后，身体里的内脏就会紧贴在一起，不利于孩子内脏器官的发育。同时也会对孩子呼吸循环和消化系统的功能，造成极大的影响。

（2）驼背后，人体重心就会变得靠前，位于下肢的前方。这样一来就会导致孩子重心不稳，容易摔跤。而且，驼背的孩子，一般也会存在骨盆前倾，这是因为驼背会向上向下同时影响颈椎和腰椎，造成人体的整个骨架系统坍塌。更为严重的是，如果孩子的驼背比较严重的话，会导致孩子的椎管狭窄。

（3）损害颈椎及背肌。如果孩子长时间驼背，会对颈椎造成劳损，使它出现提早退化的情况，并会对背肌造成压力，使颈部及腰部出现酸痛。

（4）影响高度。如果孩子长时间驼背，会影响其长高，使其身材变得较为矮小。

（5）注意力不集中。因为驼背是懒散的姿势，所以会给孩子一种放松的状态，造成注意力不集中。

（6）会引起脊柱前后生长不均衡，造成结构性驼背的可能，进而引起颈椎、腰椎同时出现问题（图3-24）。有些孩子就已经出现成人常见的颈椎病、腰椎间盘突出症。

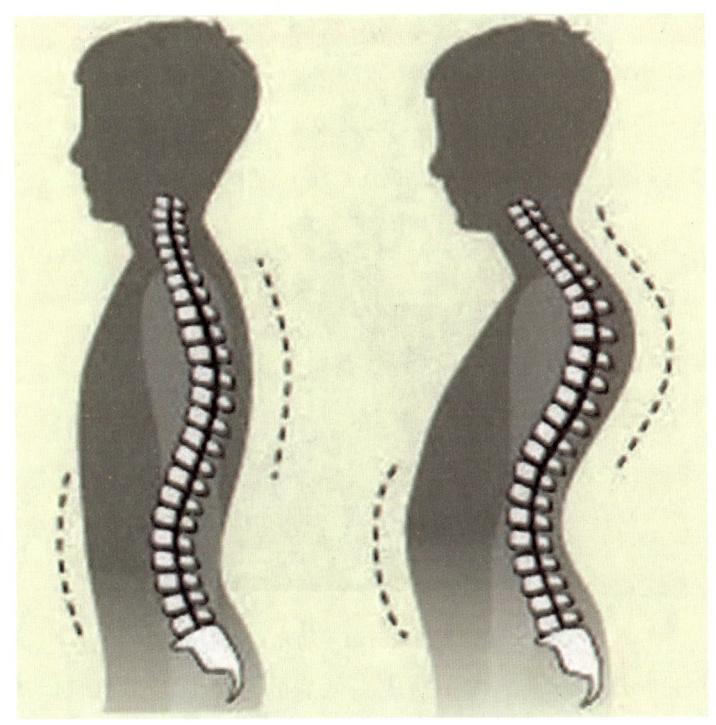

图 3-24　正常与驼背脊柱比较

第九节　幼儿高低肩成因及危害

一、幼儿高低肩的成因

（1）大量的研究和调查发现，五岁以下的孩子存在高低肩，很大一部分是因为家长长时间的单侧牵手。很多人带孩子出去遛弯时，为了孩子的安全，一般会让孩子走在马路的右侧，这样的话，家长势必就会拎着孩子的左手。然而，五岁以下的孩子，身高基本都在 1.1 米左右。当成人拎着他的左手的时候，无形当中就会逐渐地抬高孩子的左肩（图 3-25）。所以，可想而知，这就是孩子形成高低肩的重要原因之一。

图 3-25 牵手幼儿

（2）五岁及其以上的孩子造成高低肩的主要原因是单侧运动。像乒乓球、羽毛球这样单侧发力的运动，是导致孩子高低肩的主要成因。

（3）左右上肢发展不平衡。一般绝大部分成人都会发现自己右侧肩略低于左侧肩，这是因为大部分人都是右利手（右侧是优势手），当右侧手使用的机会多于左侧时，比如提东西、打球等，右侧用得越多，右侧的肌肉会越紧、越短（因为用右手提东西时，右侧后背的斜方肌中束下束、菱形肌等就会越发达，这些肌肉有下沉肩膀的作用），从而让右肩更低。对于幼儿来讲也是如此，如果一侧手使用过多，不仅不利于左右脑的均衡发展，还会形成高低肩。

（4）总是一侧肩挎包。虽然对于幼儿来讲，单侧肩挎包的机会不多，但确实存在。当一侧肩挎包时，为了防止包滑落，肩部就会发力产生耸肩，久而久之，斜方肌上束发力产生紧缩，就会形成高低肩。斜方肌起于枕外隆凸、上项线、项韧带、第 7 颈椎及全部胸椎棘突。纤维分上、中、下三部分，分别止于锁骨外侧三分之一、肩胛冈和肩峰。近固定时上部纤维收缩，使肩胛骨上提、上回旋、后缩；中部纤维收缩，使肩胛骨后缩、上回旋；下部纤维收缩，使肩胛骨下降、上回旋。远固定时一侧收缩，使头向同侧屈和向对侧回旋；两侧收缩，使头和脊柱伸直（图3-26）。

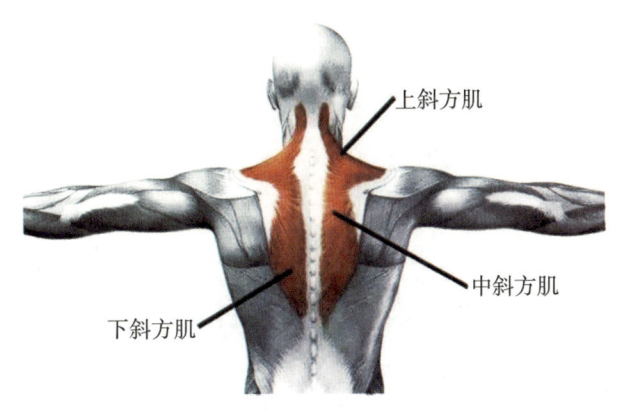

图 3-26 斜方肌

（5）运动过程中，如果发力时经常代偿性耸肩，也会造成高低肩。

（6）脊柱侧弯或骨盆不正也会导致高低肩。这种高低肩就需要结合骨盆和脊柱侧弯问题，甚至还需要考虑下肢力线是否改变，进行整体评估，针对性地进行纠正训练。

二、幼儿高低肩的危害

（1）双肩是人体"一柱两腿三面"当中最上面的第三个平面，这个平面支撑着人体的头部，一旦形成高低肩，就会造成孩子头部的侧倾。所以，有的家长会看到孩子的头总是歪着。让孩子正过来之后，不一会儿又歪了。其主要的原因，就是支撑头部这个平面变倾斜了。如果不去解决高低肩的问题，那么，头部侧倾的问题永远也解决不了。

（2）会造成肩颈疼痛。因为高低肩会造成肩部的肌肉总是处于紧张状态，无法放松和休息。所以，长此以往会经常感觉肩颈疼痛。

（3）慢慢会出现慢性头痛的症状。这是因为，孩子肩部肌肉的紧张，会对血液循环和头部供氧产生一定的障碍，所以会产生慢性头痛的症状。

（4）高低肩会引发头部侧倾，长时间会带来颈椎的退化，形成颈椎的负荷和不平衡，从而使颈椎产生一系列的问题。而且，脊柱又是一个整体。所以当孩子出现高低肩后，这个平面发生倾斜，人体为了平衡就会向下影响，形成骨盆侧倾、产生长短腿等症状。所以，如果孩子出现高低肩，可能就不仅是一个高低肩的问题，而是会出现整个骨架的问题。所以，一旦孩子发生高低肩，家长一定要及时帮助孩子去矫正。

第十节　幼儿圆肩成因及危害

一、幼儿圆肩的成因

（1）坐姿不良、课桌与椅子高度不合适，会导致圆肩。

（2）胸部前侧肌群（胸大肌、胸小肌）过紧，后侧肌群（菱形肌、斜方肌中下束）松弛，前后侧肌群不平衡会导致圆肩。

（3）拳击运动易导致圆肩的发生。

二、幼儿圆肩的危害

（1）长期圆肩，会引起肩关节功能性障碍，造成肩关节灵活度不够，进而影响其运动摆臂模式。

（2）会导致胸廓挤压，影响呼吸效果，造成肺通气不足；甚至会引起头晕、易疲劳等问题。

（3）圆肩会引起翼状肩胛（肩胛骨上翘），像两个小翅膀一样。（图3-27）

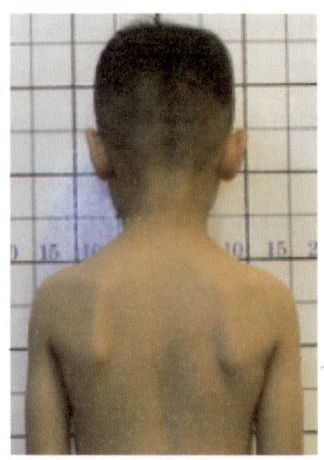

图 3-27　翼状肩胛

（4）圆肩会引起驼背的发生，进而造成脊柱的变形。

第十一节　幼儿头部前倾成因及危害

一、幼儿头部前倾的成因

（1）长时间伏案低头，或是近距离看电视、低头玩手机（图 3-28），都会造成孩子习惯性低头，脖子不自觉往前伸，形成头部前倾。

图 3-28　玩手机

（2）经常性躺着看书或是玩手机，也容易导致头部前倾。

（3）幼儿时期爬行得太少，也是头部前倾的重要成因。因为爬行的过程中，是锻炼颈部后侧肌肉和颈曲形成的一个非常重要的时期。但是，很多孩子就因为爬得太少，错过了颈曲形成的关键期，导致颈部后侧肌肉的力量太弱，出现头部前倾。

二、幼儿头部前倾的危害

（1）长期的头部前倾往往伴随着神经压迫现象，频发头痛症状。更为严重的会出现颈椎的骨钙化，造成不可逆的疾病。

（2）人体所有的中枢神经，还有给大脑供氧的血管，都要通过颈椎。头部前倾会导致孩子血压变得忽高忽低。因为颈椎的变形，导致身体对头部的供氧和血液供应都产生了一定的障碍。所以，有些孩子会出现心慌、睡眠不佳、头晕眼花、脑部供氧不足等症状，影响孩子脑部的发育。

（3）一旦发生头部前倾，颈椎结构发生变形。那么，就会造成头部的重心以及人体的重心前移。人体的稳定性会大大降低，进而加重胸椎的后凸，形成驼背。

（4）孩子一旦形成了头部前倾，就会导致颈椎的曲度变直，进而降低了其对头部的减震作用，很容易对孩子的大脑产生损伤。

（5）头部前倾后，孩子颈部肌肉会变得僵硬，所以，孩子的正常活动也会受限。

第四章　幼儿常见不良身体姿态的体育教学防治

第一节　幼儿不良身体姿态体育教学防治的基础

一、理论基础

人体的运动系统由骨骼、关节、肌肉三部分组成，骨骼以不同形式联结在一起，形成了人体的基本身体姿态（骨架），并为肌肉提供附着。人体在神经支配下，以肌肉收缩为动力，以牵拉骨骼为杠杆，以关节为枢纽，产生运动。人体的关节结构决定了它的运动形式和灵活度，做屈伸、内收外展、旋转等动作时，肌肉有原动肌（主动肌），就有相对应的拮抗肌（对抗肌），在原动肌收缩完成动作的过程中，位于原动肌相反一侧的拮抗肌就会松弛和拉长。不良身体姿态的产生是由于骨架原有位置的改变，固定骨架位置的主要是肌肉和韧带，一旦一侧肌肉和韧带松弛，就会使骨骼位置发生改变形成不良体态。不良体态形成的原因分为结构性和功能性两种。结构性不良体态是先天的、永久性的，无法通过运动来矫正；功能性不良体态是指长期的、错误的习惯等后天造成的。幼儿不良体态大多数形成的原因都是功能性的，先从身体姿态的变化开始，延伸到功能性，然后肌肉对姿态的偏离做出适应性改变，导致了肌肉的不平衡，破坏了肌肉合理的受力情况，造成了有些肌肉会过度紧张和缩短，而另一些肌肉会变弱和被过度拉长。这样就会把压力集中在身体的某一点，造成局部的不舒服、长期的疼痛和关节的不稳定。如果一个孩子先天骨骼发育有异常，那他（她）虽然某些肌肉相对短、某些肌肉相对长，但其中力量可能是平衡的。但如果一个人是后天原因导致的问题，那么他（她）的肌肉力量是失衡的，或者他（她）不能正常地使用某些肌肉。体育教学防治主要作用于后天原因导致的不良体态，先天原因导致的问题应该寻求医生的帮助。

当前，幼儿的不良体态大都是后天造成的。例如，一个孩子经常低头玩手机，久而久之颈部前侧的头长肌、颈长肌、舌骨上肌就会收缩缩短，且越来越紧，颈部后侧的肩胛提肌反而被越拉越长，变得越来越松弛，进而导致头部前倾；如果一个孩子经常做俯卧撑，胸大肌、胸小肌的力量会越来越大且越来越紧，很少练习斜方肌，斜方肌会越来越松弛，这样就会造成躯干前侧的胸大肌、胸小肌缩短，躯干后侧的斜方肌被拉长，从而导致圆肩驼背。还有一个造成不良身体姿态的重要原因是"错误的动作模式"，幼儿时期正处于"基本动作模式期"，基本动作技能可以分为位移类技能（走、跑、跳、滑、攀、爬、滚、钻、躲闪等）、非位移类技能／稳定类技能（下蹲、缓冲、伸展、屈体、转体、推拉、支撑、平衡、悬垂、停止等）、操作技能（投、抛、拍、踢、接、挥击、停球等），如果幼儿的基本动作技能模式存在错误，运动时力的传递就会发生偏离正常的力线，作用于骨骼久而久之就会导致骨骼的形变或位置的改变。例如捡东西时的下蹲动作，在日常生活中非常常见，很多人从幼儿时期形成的捡东西下蹲模式就是错误的（图4-1），正确的下蹲模式应该是屈膝、屈髋、腰背挺直下蹲来捡东西或搬东西（图4-2），而不是弯腰，这一错误的动作模式久而久之会导致后侧肌群链被拉伸松弛，进而引发膝超伸、骨盆前倾、圆肩、驼背、头部前倾等不良体态问题。

图4-1　错误下蹲

图 4-2 正确下蹲

由此可见，体育教学防治不良体态的关键是教授幼儿正确的动作模式，使其正确地使用肌肉；并通过运动拉伸过紧、缩短的肌肉，练习拉长、松弛的肌肉，把骨架拉伸到正确的位置，并使两侧肌肉力量平衡。因此，体育教学防治幼儿不良身体姿态的理论原理就是"动作模式是基础，肌力平衡是目标"。

体育教学矫正幼儿不良体态的过程就像把一块"铁"打造成一把"剑"的过程，先要加热，只不过运动矫正不良体态是通过身体的运动来给自己"加热"，在加热的过程中教授正确的动作模式，待身体"加热"后，再根据体态问题进行力量练习，不断修正变形的骨架。这需要一个周期性的过程，且需要根据骨架的变化不断调整力量练习的方式、大小、频率等，就像打造一把"剑"的锤炼过程，不是一朝一夕的事情。每次练习都需要先"加热"，其主要目的是降低肌肉黏滞性，使运动系统达到最佳状态，正确动作模式的融入，可以使体态矫正达到事半功倍的成效。

二、运动基础

（一）动作模式是基础

运动矫正不良体态的前提是对幼儿做必要的动作发展水平评估，如果幼儿的动作模式存在错误，一定要首先解决其错误的动作模式，错误的动作模式不只是由于肌肉薄弱所致，很多时候是缺乏协同能力和神经激活模式。由于某种原因导致大脑用一种不那么有效的动作模式取代了理想的动作模式。举个例子：让我们来看看由世界上最好的音乐家组成的管弦乐队。如果所有的音乐家都只是自己练习，演奏他们自己想要的音乐，会发生什么呢？当我们把管弦乐队的成员放在一起组成交响乐时，即使个人演奏得很好，但放在一起听起来也可能不和谐。但是，如果音乐家们在一个熟练的指挥家的带领下一起练习，那么他们合作的音乐听起来将会非常美妙。另一个例子就是足球队，无论球队中的运动员个人技能有多么强，如果他们不在一起配合训练，他们也很难取得比赛的胜利。

所以，应该把注意力集中在每个关节的协同运动上，而不是集中在单个肌肉上。如果能够正确的稳定控制身体，那么在整个运动范围内关节将会有良好的对位排列。而纠正错误动作模式的有效方法是首先确定功能障碍出现在运动环节中的什么位置，然后激活该位置的正确运动程序，所施加的阻力和运动范围必须适合每个人。通过以理想的动作模式来运动关节，就会形成正确的运动模式。一旦个人能够稳定地在正确状态下进行运动，就可以在没有监督的情况下训练。提高个体对正确运动模式的本体感觉意识是非常重要的。本体感受训练阶段涉及的方法可包括：要求个体根据要求执行正确的运动，闭眼活动或使用镜子观察运动。一旦提高了对运动的感知，就可以增大阻力和运动范围，但是其范围绝对不能超过能够稳定控制的运动范围。

矫正错误运动模式的关键是要确认运动环节中功能失常的部分，建立正确的关节对位，进行功能障碍部分环节的运动，提高本体感觉——感受运动的过程，区分正确和错误的运动模式。采用等长、向心和离心负荷逐渐增加运动范围，不要超过能够稳定控制的活动范围。不是训练肌肉——而是训练大脑正确使用肌肉的能力。

大脑才是"乐队的指挥"和"足球队的教练"。一旦建立了理想的运动模式——那么薄弱的肌肉就会自动激活，紧张的肌肉就会自动放松和拉长。

（二）肌力平衡是目标

主要运用功能性的姿态练习来达到肌力平衡，一般从两方面入手。一方面，保持良好身体姿态的实质是要具有对自身各部位（如髋部、腰部、胸部、头部及四肢之间）相对位置的正确感觉，以及深层肌肉所起的固定作用，尤其是对脊柱正常形态的固定作用，这是保持姿态健康的关键。姿态训练实际上更需要的是提高身体的本体感觉和肌肉控制能力。维持身体正确位置需要相应深层肌肉长时间的收缩，实际上是要提高肌肉的控制能力。因此，所有的肌肉力量练习应尽量选择静力性的，或是慢而有控制并保持一定的时间，避免快速的、爆发性的练习。另一方面，要提高由于不良姿态所引起变弱和拉长肌肉的力量，同时伸展那些经常紧张和缩短的肌肉，从而达到纠正不良姿态的目的。例如，长期伏案会引起头部前倾、驼背、身体重心偏移等不良身体姿态，造成背部肌肉拉长变弱、臀大肌变弱、腹部肌肉缩短变弱、大腿后部肌肉缩短变弱并且紧张，压力长期集中在颈部和腰部，引起颈部和腰部的不适和疼痛，同时造成腰椎曲线变直、脊柱抗击冲击力的作用减弱等问题。要改善这种不良的身体姿态，需要通过加强背肌的力量、缩短背肌长度，伸展和拉长胸大肌和大腿后部肌群，向后伸展脊柱、增大脊柱向后的活动度等练习来重新获得脊柱的正常位置，减轻颈部和腰部的压力，这样才能真正解决问题。

第二节 幼儿不良身体姿态体育教学防治注意事项

不良身体姿态运动矫正是以人体解剖学、运动生理学、运动训练学、运动生物力学为基础，通过运动，在巧妙、自然、轻松、无痛、无伤害的情况下，逐步矫正不良身体姿态的方法。其不仅能够矫正不良体态，还可以有效提升人体健康水平，故得到大众的广泛认可。不良体态不是一天造成的，更不可能在一天内得到解决。它来源于日常，所以也要在日常中解决，这就需要孩子在行为和心理上都时刻有意识地控制。不良体态的改善是一个较为漫长的过程，需要在日常生活中时刻注意。当然，关于不良体态，还有一个运动矫正之外的要点，就是要树立自信心。心态影响体态，因此体态矫正要不受误导，坚韧自信。

一、运动矫正的禁忌

当不良体态者的矫正部位有发炎、血肿、椎动脉血管问题、恶性肿瘤、矫正后引起剧烈疼痛等急性症状时，不能进行运动矫正。在日常生活中，当孩子出现不良体态时，很多家长往往会选择一些牵引、物理治疗的支具、模具用于矫正。我们不建议这样做，除非家长和真正的专业人士面对面咨询过，对方认为孩子的情况可以用这样的支具或模具矫正才可以。因为支具或模具并不能作为矫正的完全替代品，而是在特定情境下配合使用的辅助器具。另外，人是立体的，很多体态问题是由多个骨关节偏移而造成的，简单的支具往往只能解决一个关节的问题，如绑腿解决不了人体功能性的髋内旋造成的 O 形腿。

二、运动矫正的原则

（1）首先寻求不良体态造成的原因，并且想办法消除其根源问题。

（2）循序渐进，不要急于求成，否则可能伤害机体。

（3）增加活动度低肌肉的训练，减少活动度高肌肉的训练，柔软关节，使关节回到正常的位置。

（4）一定要注意矫正动作的准确性，动作越准确、越到位，矫正效果也越好。

（5）不良体态矫正需要专注在特定的肌肉进行训练，肌肉力量训练的要求见表4-1。

（6）运动矫正牵拉时至少保持30秒，只有超过这个时间才会让牵拉有机会跨过障碍点。

（7）当不良体态矫正成功后，需要强化深层肌肉训练，加强核心力量，发挥对关节正确位置的保护。

表4-1　特定肌肉力量训练要求

项目	要求
频率	2～3次/周，隔天进行
强度	中等力量——最大力量的50%～60%
时间	30～40分钟
状态	使用大肌群进行抗阻运动
重复	每组8～12次
组数	3～5组
状态	每组间休息1～2分钟
进程	随着自身力量的增加，阻力可以适当加大，或者组数增多，或频率增加

第三节　幼儿足外翻体育教学防治

一、足外翻的肌肉变化

足外翻的肌肉变化如表4-2所示。

表4-2　足外翻的肌肉变化

缩短肌肉	延长肌肉
腓骨肌 趾长伸肌 踇长伸肌	胫骨后肌 踇长屈肌 趾长屈肌

腓骨肌是由腓骨长肌、腓骨短肌、第三腓骨肌组成（图4-3），位于小腿外侧的皮下，紧贴着腓骨的外面，对外踝的稳定起着重要作用。

腓骨长肌起自腓骨头、腓骨上三分之二的外侧面和小腿深筋膜，肌束向下逐步形成长的肌腱，经外踝后方、跟骨外侧面及腓骨肌下支持带转至足底，斜行于足的内侧缘，止于第1楔骨和第1跖骨基底部。此肌收缩，可使足跖屈和外翻。腓骨短肌起自腓骨外侧面下方，止于第五跖骨底，可以使足在踝关节处屈和足外翻及维持外侧足弓。第三腓骨肌起自腓骨下三分之一的前面及骨间膜，止于第5跖骨底背侧面，作用为协助踝关节背伸（背屈）、足外翻及外旋。

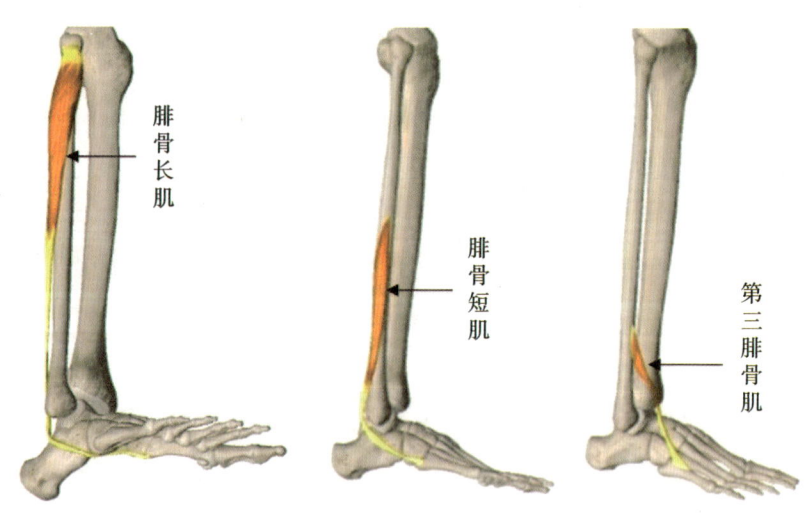

图4-3　腓骨肌

趾长伸肌（图4-4）起自胫、腓骨的上端和骨间膜，下行经小腿横韧带和十字韧带深方，分成 4 腱，止于 2、3、4、5 趾，此外还分出 1 腱止于第 5 跖骨底，叫腓骨第 3 肌。趾长伸肌的作用是使足部背屈和外翻、伸展 4 个小足趾。

　　蹞长伸肌（图 4-4）起自腓骨中间的三分之二的内侧面、趾长伸肌内侧和骨间膜，止于蹞趾远节趾骨的基底部，肌腱内侧部分附着于近节趾骨的基底部，其作用是足部背屈、伸蹞趾，使足外翻。

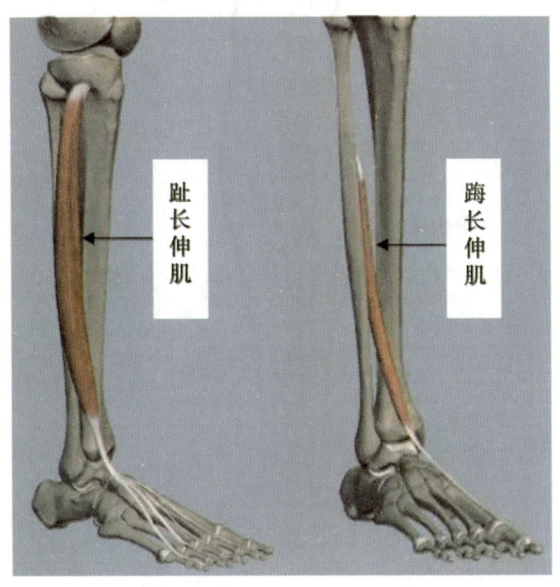

图 4-4 趾长伸肌和蹞长伸肌

　　胫骨后肌（图 4-5）为半羽肌，位于小腿三头肌的深面，趾长屈肌和蹞长屈肌之间。起自小腿骨间膜上三分之二及邻近的胫腓骨后面，向下移行于长的肌腱，该肌腱在内踝后方，经过屈肌支持带（分裂韧带）深面至足内侧缘，止于舟骨粗隆及三块楔骨的基底面。此肌收缩，使足跖屈、外旋及内收。除此，还有维持足纵弓的作用，为小腿后群肌中最强大的足内翻肌。

　　蹞长屈肌（图 4-5）位于小腿腓侧，起自腓骨后面下三分之二，肌腱经内踝后方至足底，止于蹞趾远节趾骨底，作用是跖屈和足内翻。

趾长屈肌（图4-5）位于小腿胫侧，起自胫骨上部后面，止于小腿下部踝关节上后方形成长腱，长腱先行于胫骨后肌腱内侧，至踝关节后方转置胫骨后肌腱后侧并与其共同包裹于一个纤维鞘内，行向足底。肌腱于楔骨远端发出4条肌腱，行向2～5脚趾，并止于2～5趾远节趾骨底。作用是跖屈、屈2～5趾和足内翻。

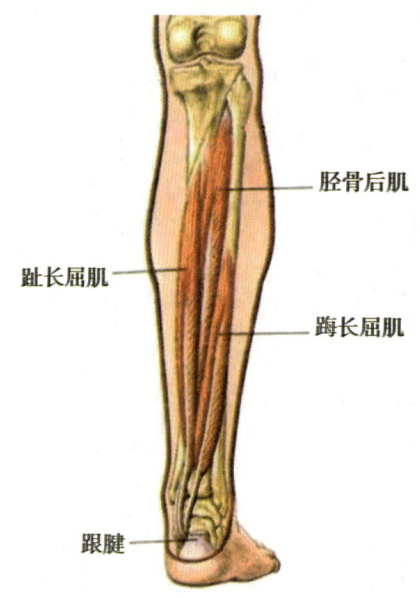

图 4-5 胫骨后肌、踇长屈肌、趾长屈肌

二、足外翻的体育教学防治

（1）足弓需要后天重建，而过大的体重对于足弓重建是不利因素，所以体育教学中首先要控制好孩子体重，尽可能减少肥胖幼儿的比率。

（2）在日常教学中有意识地增加对足底的刺激，经常带着孩子光脚或者是穿着软底鞋到沙子地、草地或者坑洼不平的地方，去玩耍跑跳。这些都会对孩子的足弓产生刺激，有利于孩子足弓的形成。

（3）在教学中有意识地增加提踵走，这对于延长的肌肉是一种非常好的锻炼。

（4）经常踩绳走，幼儿在走这种类似于踩坑洼不平的地面时为了维持身体的平衡，自然而然会足底用力，这样有助于幼儿足弓发展。

（5）在教学中有意识地让孩子练习几组下面的动作——双脚与骨盆同宽站立好，然后发力让膝盖往两端撑开，此时幼儿会感觉到臀部会有紧绷发力的感觉，并且膝盖会不自主微屈，除此之外，孩子会感觉到脚底内侧会抬离地面，这时让孩子脚趾指节抓地，这样有助于足内翻肌群的增强，促进足弓的发展。

（6）对于足弓发育不好的孩子可以布置课后练习作业：让孩子每天晚上洗完澡后给爸爸妈妈踩背。因为背部高低不平，孩子踩背时为了维持平衡，足底就会用力，对足弓是一个非常好的刺激，有利于足弓的重建（图4-6）。当然踩背时要注意孩子安全问题，开始时孩子是没有办法自己踩在背上维持平衡的，所以，另外一位家长就要托住孩子的双手，帮助孩子保持平衡，慢慢让孩子去找这种平衡感，久而久之孩子就可以独立地去完成踩背练习了。

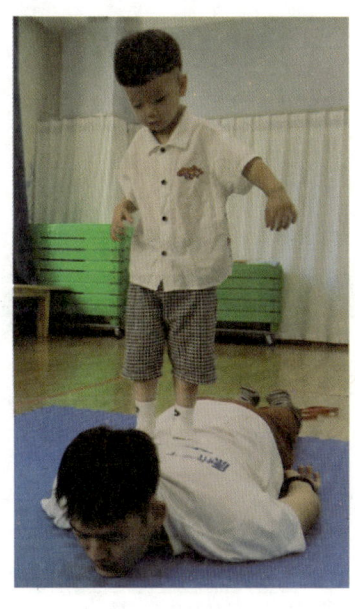

图4-6 踩背

第四节　幼儿O型腿的体育教学防治

一、O型腿的肌肉变化

导致O型腿的原因不同，其肌肉变化也有所不同，为了更好地理解肌肉变化，将其分为足球O型腿和武术O型腿。足球O型腿大腿、小腿内收的肌肉都是缩短收紧的，外展的肌肉都是拉伸延长的；而武术O型腿大腿内收的肌肉是拉伸延长的，外展的肌肉都是缩短收紧的，小腿内收的肌肉都是缩短收紧的，外展的肌肉都是拉伸延长的。这是两者技术动作不同，训练方法不同而导致的不同结果。两种O型腿肌肉变化如表4-3、表4-4所示。

表4-3　足球O型腿的肌肉变化

缩短肌肉	延长肌肉
耻骨肌 短收肌 长收肌 大收肌 股薄肌 半腱肌 半膜肌 小腿内收肌群	阔筋膜张肌 髂胫束 股二头肌 小腿外展肌群

表4-4　武术O型腿的肌肉变化

缩短肌肉	延长肌肉
阔筋膜张肌 髂胫束 股二头肌 小腿内收肌群	耻骨肌 短收肌 长收肌 大收肌 股薄肌 半腱肌 半膜肌 小腿外展肌群

耻骨肌（图4-7）为长方形短肌，位于大腿上中前面的皮下，起自

耻骨疏和耻骨上支，止于股骨小转子以下的耻骨线。作用是使大腿内收。

短收肌（图4-7）位于大腿内侧上方，起自耻骨下支前面，止于股骨粗线的上三分之一处。收缩时使髋关节完成屈、内收和外旋。

长收肌（图4-7）起自耻骨嵴和耻骨联合间角的前面，向后外下降扩展成一宽的肌腹，借腱膜止于股骨粗线中段。作用是大腿内收。

大收肌（图4-7）位于大腿的内侧，其前面上方为短收肌，下方为长收肌，内侧为股薄肌，后面紧贴半腱肌、半膜肌和股二头肌，为内收肌群中最宽大者，呈三角形。起自坐骨结节、坐骨支和耻骨下支的前面，肌纤维束作扇形分散，上束几乎呈水平方向，最下束则几乎垂直，止于股骨粗线内外唇的全长及内上髁。此肌收缩，近固定时，上部纤维使大腿内收、屈和内旋，下部纤维使大腿内收、后伸和外旋；远固定时，使骨盆后倾。

股薄肌（图4-7）起自耻骨下支，向下于股骨内上髁平面移行为条索状肌腱，最后以扇形放散，止于胫骨粗隆内侧。具有内收、内旋髋关节的功能。

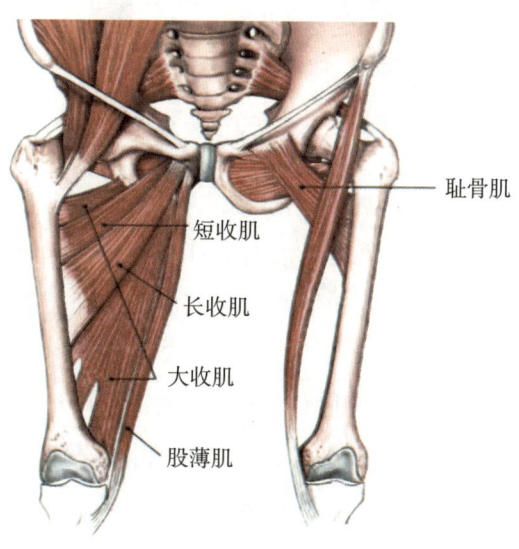

耻骨肌

短收肌

长收肌

大收肌

股薄肌

图4-7 大腿内收肌群

半腱肌（图4-8），顾名思义，肌腱占此肌长度的一半。此肌近端同半膜肌和股二头肌长头一起自坐骨结节，止于胫骨上端的内侧。近固定时，使大腿在髋关节处伸，小腿在膝关节处屈和内旋；远固定时，使大腿在膝关节处屈（牵拉股骨向后），在小腿伸直时，则使骨盆后倾。

半膜肌（图4-8）位于大腿后侧、半腱肌的深面，以扁薄的腱膜起自坐骨结节，止于胫骨内侧髁后面，主要作用是伸髋关节，屈膝关节并微旋内。

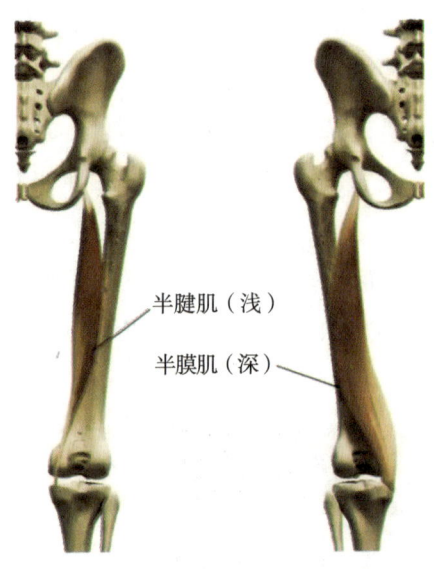

半腱肌（浅）

半膜肌（深）

图4-8 半腱肌、半膜肌

阔筋膜（图4-9）张肌位于大腿上部前外侧，起自髂前上棘，肌腹被包在阔筋膜的两层之间，向下移行为髂胫束，止于胫骨外侧髁。作用是屈大腿。

髂胫束（图4-9）是阔筋膜在大腿外侧部增厚形成的一纵行带状腱膜，上方起自髂嵴外唇，下方止于胫骨外侧髁。其上分为两层，包裹阔筋膜张肌，并与之紧密结合不易分离。下部的纵行纤维明显增厚呈扁带状，后缘与臀大肌肌腱相延续。作用与阔筋膜张肌相同。

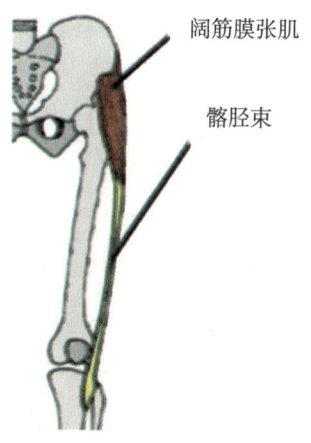

图 4-9 阔筋膜张肌、髂胫束

股二头肌（图 4-10）位于大腿后外侧皮下，有长短二头。长头起于坐骨结节，短头起于股骨粗线的外侧唇下半及外侧肌间隔。两头在股骨下三分之一处合并为一总腱止于腓骨头。此肌为双关节肌，近固定时，使大腿伸，小腿屈，并外旋；远固定时，使大腿在膝关节处屈（牵拉股骨向后），在小腿伸直时，则使骨盆后倾。

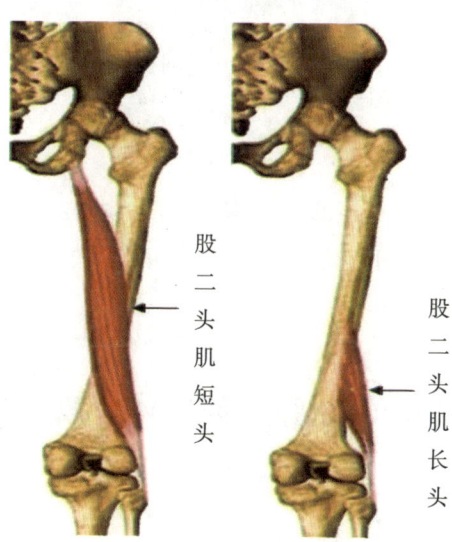

图 4-10 股二头肌

小腿肌群参看前面第三节腓骨肌、趾长伸肌、蹈长伸肌、胫骨后肌、蹈长屈肌、趾长屈肌的介绍。

二、O 型腿的体育教学防治

（1）在教学中不要让幼儿盘腿坐，教育幼儿平时不要长时间盘腿坐。

（2）教学内容避免长期（连续一个月）的足球或武术运动。

（3）在教学中的足球或武术运动后，应有意识地增加些让孩子双脚跳跃性练习和腿部的放松练习。

（4）幼儿时期正是幼儿腿型发展变化的重要时期，应在教学中着重增加双脚蹬伸跳跃类的教学内容（图4-11），这对于防治 O 型腿有重要作用。

图 4-11 跳跃练习

（5）重点教授幼儿正确的走、跑、跳动作模式，使其较好掌握，这对于防治不良腿型意义重大。

第五节　幼儿膝超伸的体育教学防治

一、膝超伸的肌肉变化

膝超伸的肌肉变化如表4-5所示。

表 4-5　膝超伸的肌肉变化

缩短肌肉	延长肌肉
股四头肌	腓肠肌 半腱肌 半膜肌 股二头肌

股四头肌（图 4-12）由四个头即股直肌、股中肌、股外肌和股内肌组成，股直肌起自髂前下棘，股中肌起自股骨体前侧，股外肌起自股骨粗线外侧唇，股内肌起自股骨粗线内侧唇。四个头形成一条肌腱，环绕髌骨，向下形成髌韧带止于胫骨粗隆。股四头肌是人体最大、最有力的肌肉之一。功能是使小腿伸、大腿伸和屈，伸膝（关节）屈髋（关节），并维持人体直立姿势。

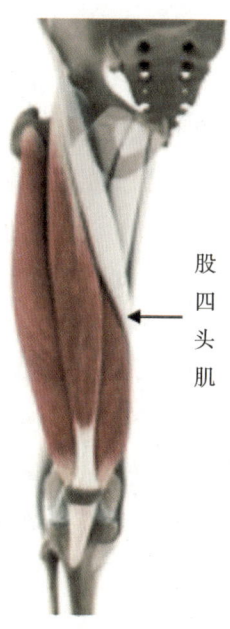

股四头肌

图 4-12　股四头肌

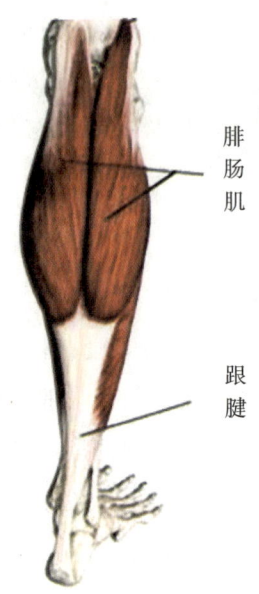

腓肠肌

跟腱

图4-13 腓肠肌

腓肠肌（图4-13）有内外两个头：外侧头起自股骨外上髁；内侧头较高，起自股骨内上髁。两个头的肌束向下，约于小腿中部相互愈着，移行于较厚的腱膜，此腱膜再与深面的比目鱼肌腱膜愈着，构成一个粗大跟腱，止于跟骨结节。此肌收缩，近固定时，使小腿屈和足跖屈；远固定时，拉股骨下端及小腿向后，从而使膝关节伸直。在走、跑、跳中，对足跖屈蹬地起到重要作用。

半腱肌、半膜肌、股二头肌参看第四节的介绍。

二、膝超伸的体育教学防治

（1）注意正确的站姿，使膝关节保持在中立位，不要过分蹬地、挺腹，自然放松站立即可。

（2）教学内容中可以多练习些跪爬（图4-14）、高爬（图4-15）、蚂蚁爬（图4-16）、背爬（图4-17）、螃蟹爬（图4-18），俯卧抗阻屈膝（图4-19）、臀桥（图4-20）等动作，有意识地增强腓肠肌、股二头肌的练习。

图 4-14 跪爬

图 4-15 高爬

图 4-16 蚂蚁爬

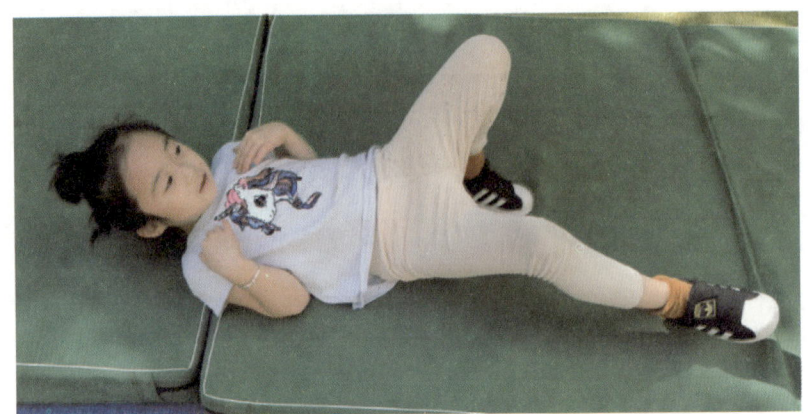

图 4-17 背爬

图 4-18 螃蟹爬

图 4-19 俯卧抗阻屈膝

图 4-20 臀桥

（3）在教学的放松环节，应有意识地增加股四头肌的拉伸放松练习，如弓步压腿（图 4-21）、跪坐后躺动作（图 4-22）。

图 4-21 弓步压腿

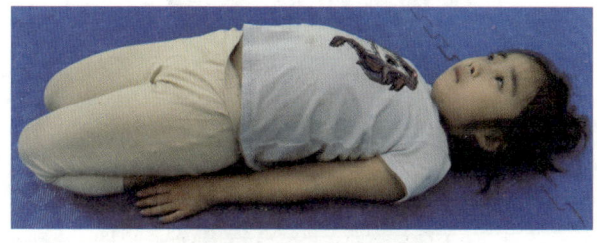

图 4-22 跪坐后躺

（4）关注孩子其他方面的体态问题，比如骨盆前移、胸椎后凸、头部前倾等不良体态，因为人体是环环相扣的整体，一个部位出现偏移势必引起其他部位发生代偿连锁反应，所以要从整体上调整体态，保持身体正确的力学排列，才能将矫正效果长期保持下去。

第六节　幼儿骨盆前倾的体育教学防治

一、骨盆前倾的肌肉变化

骨盆前倾的肌肉变化如表4-6所示。

表4-6　骨盆前倾的肌肉变化

部位	缩短肌肉	延长肌肉
躯干	髂腰肌	腹直肌
髋部	股直肌 阔筋膜张肌 缝匠肌	臀大肌 腘绳肌

髂腰肌（图4-23）由腰大肌和髂肌共同构成，腰大肌起自腰椎体侧面和横突，髂肌呈扇形，位于腰大肌外侧，起自髂窝，两肌向下互相结合，经腹股沟韧带深面和髋关节的前内侧，止于股骨小转子。髂腰肌使髋关节前屈和旋外，下肢固定时，可使躯干和骨盆前屈。

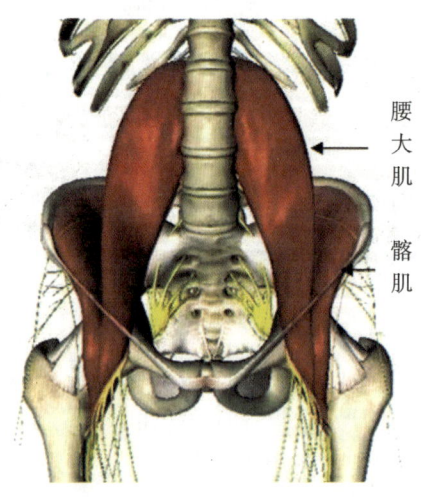

图4-23　髂腰肌

　　股直肌是大腿前面股四头肌中部较浅的一块肌肉。它起自大腿根部外侧、髂骨前下方的髂前下棘和髋臼上缘，下方包绕膝前方的髌骨以后，借髌韧带止于胫骨上端前面的胫骨粗隆。有伸膝关节及屈大腿的作用。详细参看第五节股四头肌的介绍。

　　阔筋膜张肌参看第四节的介绍。

　　缝匠肌（图4-24）位于大腿前内侧浅层，肌纤维从大腿外上方向内下斜行，是人体中最长的肌肉，呈梭形。起于髂前上棘，止于胫骨上端前缘。其作用是屈髋、屈膝、大腿外旋外展、小腿内旋。近固定时，使髋关节屈和外旋，并使膝关节屈和内旋；远固定时，两侧收缩，使骨盆前倾。

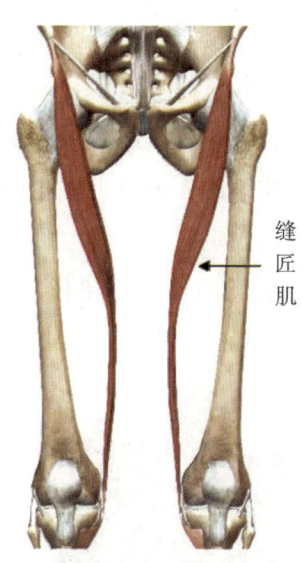

缝匠肌

图4-24　缝匠肌

　　腹直肌（图4-25）位于腹前壁正中线两侧，被包埋于腹直肌鞘内，为上宽下窄的带状多腹肌，左右腹直肌内侧以腹白线相隔，自上而下被3～4个横行的腱划（致密结缔组织索）分隔，腱划与腹直肌鞘前壁紧密愈合，起到防止该肌收缩时移位的作用。此肌起自耻骨上缘（耻骨结节与耻骨联合之间），止于第5～7肋软骨前面和胸骨剑突。在下固定时，两侧肌肉收缩使脊柱前屈，一侧收缩，使脊柱侧屈；上固定时，两侧收缩使骨盆后倾。

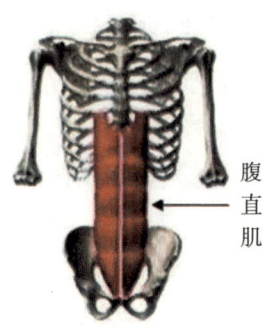

图4-25 腹直肌

臀大肌（图4-26）位于臀部皮下，起自臀后线以后的髂骨背面、骶骨与尾骨的背面、腰背筋膜和骶结节韧带，肌纤维向外下方斜行，上部肌纤维越过大转子，以腱膜移行于髂胫束的深面，下部肌纤维以肥厚的腱板止于股骨臀肌粗隆。此肌的作用，近固定时，主要使大腿后伸，其次为使大腿内收和外旋；远固定时，使骨盆后倾，躯干伸，维持人体直立姿势，此肌在跑跳时对大腿屈伸起重要作用。采用后踢腿、后蹬跑、俯卧背腿等练习可发展臀大肌的力量。

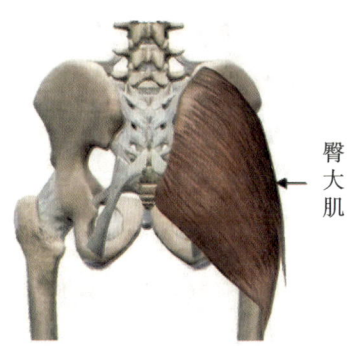

图4-26 臀大肌

腘绳肌是大腿后侧的肌群，包括半腱肌、半膜肌、股二头肌（三块肌肉详情参看第四节的介绍），腘绳肌与强有力的股四头肌相对应。

二、骨盆前倾的体育教学防治

（1）在教学中使幼儿掌握正确的站姿，感受骨盆正确的位置（中立位），经常进行强化骨盆中立位置的练习。

（2）体育教学中注意骨盆前旋和后旋肌群的平衡发展，特别是后旋肌群。这是因为在日常生活中走、跑、跳的运动练习对前旋肌群（股直肌、髂腰肌等）的刺激比较大，这就使得前旋肌力得到较好的发展，而后旋肌群因为静坐少动、压腿拉伸等原因容易松弛，所以在体育教学中要有意识地增加骨盆后旋肌群的练习。

（3）教学内容中多练习俯卧抗阻屈膝、臀桥、屈膝仰卧起坐（图4-27）等动作，有意识地增强臀大肌、腘绳肌、腹直肌（有驼背问题的孩子不要练习腹直肌，腹直肌的增强会导致驼背问题的加重）的肌力。

图 4-27　屈膝仰卧起坐

（4）在教学的放松环节，应有意识地通过弓步压腿、模拟小海豚（图4-28）、跪坐后躺等动作增加髂腰肌、股直肌的拉伸放松练习。

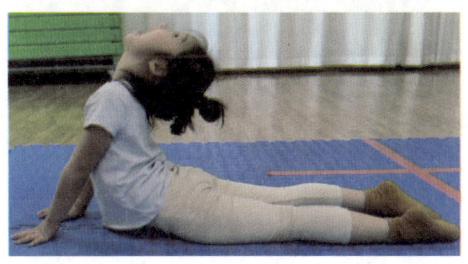

图 4-28　小海豚

第七节　幼儿骨盆侧倾体育教学防治

一、骨盆侧倾的肌肉变化

骨盆侧倾的肌肉变化（以骨盆左低右高为例）如表4-7所示。

表4-7　骨盆侧倾的肌肉变化（以骨盆左低右高为例）

部位	缩短肌肉	延长肌肉
躯干	右腰方肌 右侧竖脊肌	左腰方肌 左侧竖脊肌
髋部	右髋内收肌群 左髋外展肌群 左臀中肌 左臀小肌 梨状肌	左髋内收肌群 右髋外展肌群 右臀中肌 右臀小肌 梨状肌

腰方肌（图4-29）位于腹后壁脊柱两侧，内侧前方是腰大肌，后方是竖脊肌。该肌起于髂嵴内侧半，外侧部肌纤维向上附着于12肋下缘的内侧半，内侧部的肌纤维向内上分别通过4个小肌腱连于1～4腰椎的横突尖。它的功能有同侧收缩对侧拉伸，使躯干侧屈；同时收缩将躯干立直；上方固定下方收缩，会让骨盆侧倾。

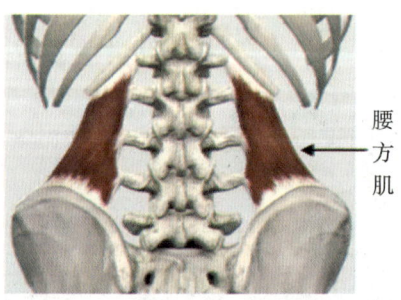

图4-29　腰方肌

　　竖脊肌（图4-30）又名骶棘肌，总束起自骶骨背面、腰椎棘突、髂嵴后部及腰背筋膜。肌束向上，由内向外逐渐分为并列的三个纵行肌柱。外侧为髂肋肌（分为腰髂肋肌、背髂肋肌、项髂肋肌）；中部为最长肌（分为腰背最长肌、颈最长肌头最长肌）；内侧为棘肌（分为胸棘肌、颈棘肌、头棘肌）。三个纵行肌柱分别止于肋骨肋角下缘、颈椎和胸椎横突、颞骨乳突及颈椎和胸椎棘突。其中最长肌最强大，棘肌最为薄弱。下固定时，两侧收缩使头和脊柱伸，髂肋肌还有降肋作用；一侧收缩，可使躯干向同侧侧屈。

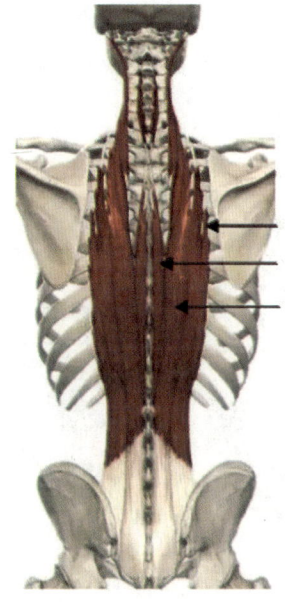

髂肋肌 ⎫
棘肌　 ⎬ 竖脊肌
最长肌 ⎭

图4-30　竖脊肌

　　内收肌群包括耻骨肌、长收肌、短收肌、大收肌、股薄肌，其起止点和功能详见第四节的介绍。

　　外展肌群包括阔筋膜张肌、臀大肌、臀中肌、臀小肌、梨状肌，阔筋膜张肌详见第四节的介绍，臀大肌详见第六节的介绍。

　　臀中肌（图4-31）位于骨盆两侧，上部连接在髂骨翼外侧，肌纤维向中间集中，下部连接在股骨大转子的上方，后部被臀大肌覆盖，深层还有一块形状和功能相近的臀小肌。由于它的位置正好在髋关节外侧，所以会直接影响髋关节外展和内收的运动，这也是它的主要功能。

臀小肌（图4-31）位于臀中肌深面，其形态、起止、功能及血管神经分布都与臀中肌相同。当臀中肌和臀小肌收缩时，大转子和髂骨之间的距离缩短，也就是髋关节做外展的运动；若是在远固定的情况下（站立位），臀中肌、臀小肌收缩或者肌纤维和筋膜缩短会让髂骨下降，也就是骨盆向同侧倾斜。

梨状肌（图4-31）位于臀区中部，位置较深，与臀中肌处于同一平面。起自骶骨前面侧部，出坐骨大孔，止于大转子内侧面。此肌与其他肌共同作用可外旋大腿、使骨盆侧倾。

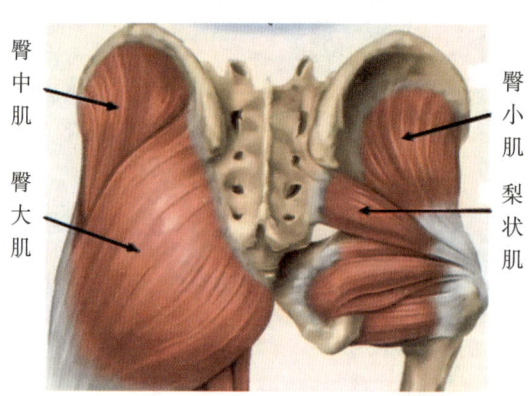

图4-31 臀大肌、臀中肌、臀小肌、梨状肌

二、骨盆侧倾的体育教学防治

（1）注意让孩子养成良好的坐姿。坐时应该做到头正、身直、足平，避免跷二郎腿坐。

（2）教学内容中注意身体左右侧肌群的均衡发展，不要长期（连续1个月）进行单侧项目的运动，一旦稳定骨盆的左右侧肌力（腰方肌、臀中肌等）发展不平衡就容易导致骨盆侧倾。

（3）幼儿时期，正是足弓发展的重要时期，在教学内容中应增加足弓发展的运动练习（提踵走等），有效促进左右脚足弓的均衡发展，一旦一侧足弓发展不良就可能导致骨盆侧倾。

第八节 幼儿脊柱侧弯的体育教学防治

一、脊柱侧弯的肌肉变化

脊柱侧弯的肌肉变化（左凸右凹）如表4-8所示。

表4-8 脊柱侧弯的肌肉变化（左凸右凹）

部位	缩短肌肉	延长肌肉
颈椎	右斜角肌 右上斜方肌 右肩胛提肌 右颈竖脊肌 右多裂肌	左斜角肌 左上斜方肌 左肩胛提肌 左颈竖脊肌 左多裂肌
胸椎	右肋间肌 右胸竖脊肌 右侧腹肌 右多裂肌	左肋间肌 左胸竖脊肌 左侧腹肌 左多裂肌
腰椎	右腰方肌 右腰竖脊肌 右多裂肌	左腰方肌 左腰竖脊肌 左多裂肌

斜角肌位于颈部两侧，每侧三块，按位置排列命名为前、中、后斜角肌（图4-32），前斜角肌起自第3～6颈椎横突前结节，止于第1肋骨上缘外面；中斜角肌起自第2～7颈椎横突后结节，止于第1肋骨上缘外面；后斜角肌起自第5～7颈椎横突后结节，止于第2肋骨外侧；三块肌肉的作用均可以使颈椎侧屈。

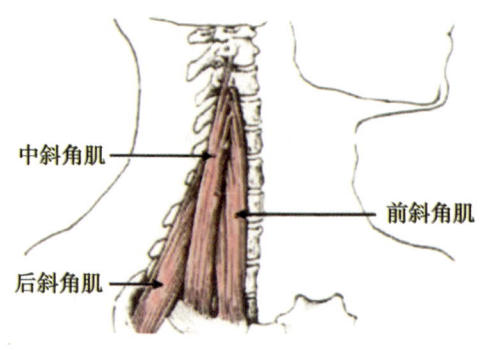

图 4-32　斜角肌

　　斜方肌位于项部和背部的皮下，一侧呈三角形，左右两侧相合成斜方形（图 4-33）。斜方肌起于枕外隆凸、上项线、项韧带、第 7 颈椎及全部胸椎棘突。纤维分上、中、下三部分，分别止于锁骨外侧三分之一、肩胛冈和肩峰。近固定时上部纤维收缩，使肩胛骨上提、上回旋、后缩；中部纤维收缩，使肩胛骨后缩、上回旋；下部纤维收缩，使肩胛骨下降、上回旋。远固定时一侧收缩，使头向同侧屈和向对侧回旋；两侧收缩，使头和脊柱伸直。在少年儿童时期发展此肌，可预防和矫正驼背。

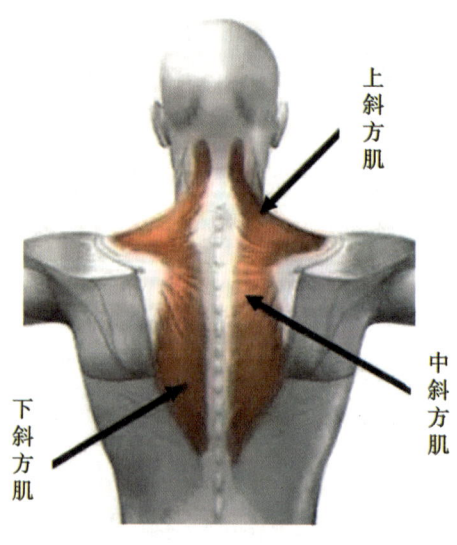

图 4-33　斜方肌

肩胛提肌（图4-34），位于颈项两侧，肌肉向上部位于胸锁乳突肌深侧，下部位于斜方肌的深面，为一对带状长肌，起自1～4颈椎的横突，肌纤维斜向后外下行，止于肩胛骨上角和肩胛骨脊柱缘的上部。近固定时，使肩胛骨上提和下回旋。远固定时，一侧收缩，使头向同侧屈和轻度回旋；两侧收缩，使颈伸。肩胛提肌是颈椎负担很重的一块肌肉。这块肌肉过分紧张会使其柔韧度下降，引起肩带上举而耸肩。长期保持耸肩姿态将引起颈部不适和头部供血不畅。

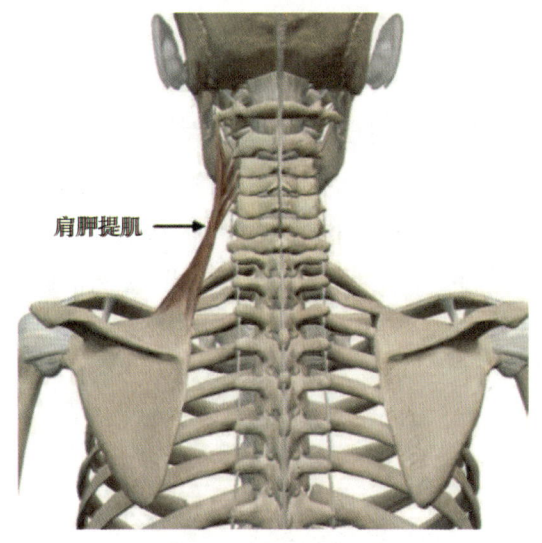

肩胛提肌

图4-34 肩胛提肌

竖脊肌详见第六节的介绍。

肋间肌是位于每两根肋骨之间的两组肌肉，分别被称为肋间内肌和肋间外肌，合称肋间肌（图4-35）。吸气时，肋间肌收缩；呼气时，肋间肌舒张。在呼吸过程中，每对肋骨间的肋间肌收缩，使肋骨向外并向上移动。肋间肌与横膈一起运作，以将空气吸入肺中。做激烈的运动时，颈部和腹部的肌肉会帮助人体进行更深的呼吸。一侧肋间肌收缩会引起脊柱侧弯。

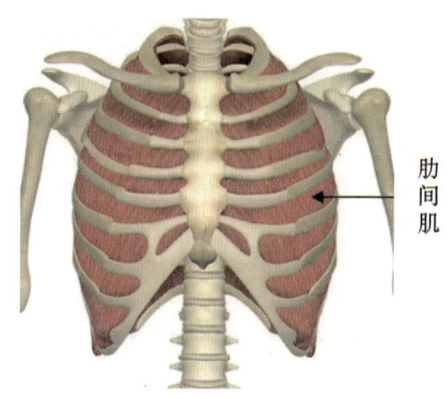

图 4-35 肋间肌

　　腹肌是人体结缔组织组成中的重要部分，包括腹直肌、腹外斜肌，腹内斜肌和腹横肌（图 4-36）。当它们收缩时，可以使躯干弯曲及旋转，并可以防止骨盆前倾。腹部肌肉对于腰椎的活动和稳定性也有相当重要的作用，还可以控制骨盆与脊柱的活动。软弱无力的腹肌可能导致骨盆前倾和脊柱生理弯曲增加，并增加腰背痛的概率。

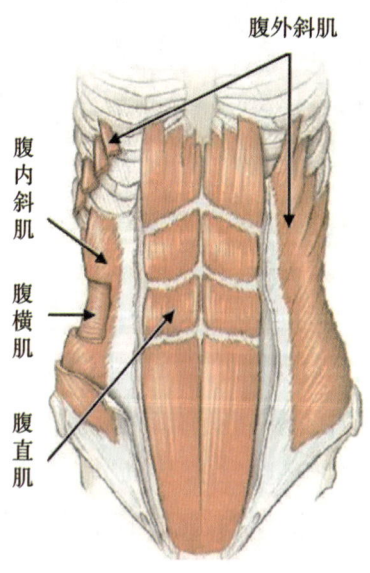

图 4-36 腹肌

腹外斜肌位于腹前外侧壁肌的浅层，为宽阔扁肌，以8个肌齿起自下8个肋骨的外面，与前锯肌、背阔肌的肌齿交错，肌束由外上斜向前内下，后下部肌束止于髂嵴前部，其余肌束向内下移行为腱膜，经腹直肌的前面，参与构成腹直肌鞘的前层，至腹正中线终于白线。

腹内斜肌位于腹外斜肌深面。起自胸腰筋膜、髂嵴和腹股沟韧带的外侧三分之二，肌束呈扇形，后部肌束几乎垂直上升，止于下位3个肋骨，大部分肌束向前上方延为腱膜，在腹直肌外侧缘分为前、后两层包裹腹直肌，参与构成腹直肌鞘的前层及后层，在腹正中线终于白线。

腹横肌位于腹内斜肌深面，起自下6个肋软骨的内面、胸腰筋膜、髂嵴和腹股沟韧带的外侧三分之二，肌束横行向前延为腱膜，腱膜越过腹直肌后面参与组成腹直肌鞘后层，止于白线。

腹直肌详见第七节的介绍。

多裂肌（图4-37）位于骶骨到第二颈椎之间，较短，起自骶骨背面、腰椎、胸椎横突和第四至第七颈椎的关节突，肌束跨越二至四个椎骨后，止于全部椎骨，寰椎除外的棘突。两侧多裂肌不平衡会引起脊柱侧弯。

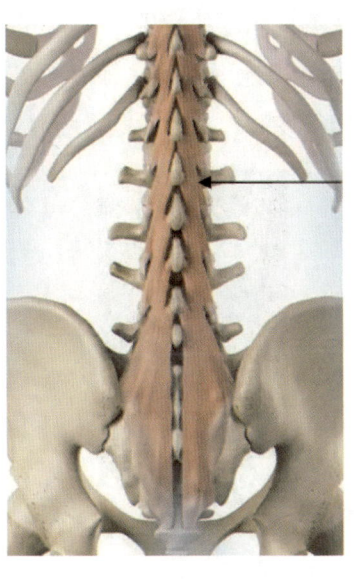

多裂肌

图4-37　多裂肌

二、脊柱侧弯的体育教学防治

（1）注意在体育教学中纠正幼儿的不良站姿、坐姿、行姿。避免学生出现长时间把重心放在一条腿上的站姿（图4-38）。

图4-38 不良站姿

（2）在教学内容中有意识地增加爬行练习（各种爬行练习方法详见第五节），爬行不仅能够有效促进幼儿的生长发育，重要的是可以有效强化脊柱功能，避免脊柱不良问题的发生。

（3）在教学内容中有意识地增加攀登练习（图4-39），攀登可以强化幼儿脊柱左右侧肌群均衡发展，对防治幼儿脊柱侧弯具有积极效果。

图4-39 攀登练习

（4）教学内容中注意身体左右侧肌群的均衡发展，不要长期（连续1个月）进行单侧项目的运动（乒乓球、羽毛球等），一旦稳定躯干的左右侧肌力（竖脊肌、多裂肌等）发展不平衡就容易导致脊柱侧弯。

（5）教学中避免过度进行脊柱侧弯、前屈、后伸等拉伸练习，适当拉伸可以强化脊柱的功能，但过度拉伸会导致脊柱稳定性下降，从而导致脊柱侧弯问题的发生。

第九节　幼儿驼背的体育教学防治

一、驼背的肌肉变化

驼背的肌肉变化如表4-9所示。

表4-9　驼背的肌肉变化

缩短肌肉	延长肌肉
胸大肌 胸小肌 前锯肌 斜方肌上束 三角肌前束 腹直肌	斜方肌中下束 大小菱形肌 小圆肌 三角肌后束 胸髂肋肌

胸大肌（图4-40）在胸廓前上部浅层，起自锁骨部（锁骨内侧三分之二段）、胸肋部（胸骨前面和第1～6肋软骨前面）、腹部（腹直肌鞘的前壁），止于肱骨大结节嵴（锁骨部和腹部肌束上下交叉）。胸大肌收缩时能使肱骨内收及旋内，进而造成含胸驼背，胸肋部可使举起的上肢后伸，帮助呼吸；锁骨部收缩能使肩关节屈曲。

胸小肌（图4-40）在胸大肌深面，为三角形扁肌，起自3～5肋骨的前面及肋间肌表面的筋膜，止于肩胛骨的喙突。胸小肌收缩缩短时会拉肩胛骨向前、向下，造成圆肩驼背。肩胛骨固定时，胸小肌可上提肋骨，但在用力吸气时才有活动。

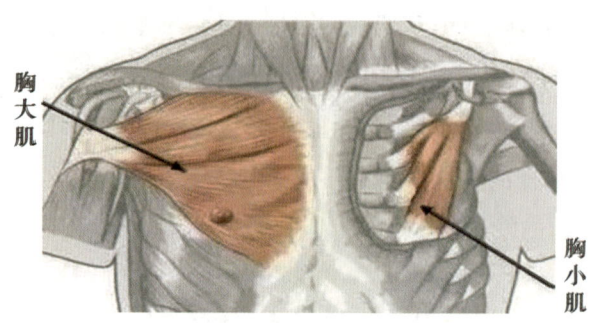

图 4-40　胸大肌、胸小肌

前锯肌（图 4-41）贴附在胸廓侧壁表面，以肌齿起自第 1～9 肋骨，止于肩胛骨的脊柱缘。各个肌束呈多指状排列，根据肌束走形及所附着的肋骨位置，可以把前锯肌分为上、中、下三个部分。上部起自第 1～2 肋和肋间，由 1～2 个肌齿构成；中部起自 3～5 肋，由 2～3 个肌齿构成，上部和中部肌束近于横行走向后内方，止于肩胛骨内侧缘；下部起自 6～9 肋或 10 肋，由 4～5 个肌齿构成，止于肩胛下角。从上至下肌束逐渐变大变长，下部肌束相对较厚。此肌收缩缩短时会引肩胛骨向前，如作推送动作，从而形成圆肩驼背，下部纤维使肩胛骨下角外旋；肩胛骨固定时，可以上提肋骨助深吸气。

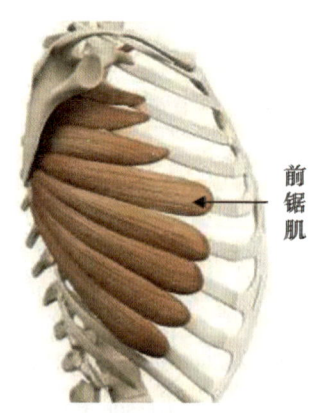

图 4-41　前锯肌

斜方肌、腹直肌参见第八节的介绍。

三角肌（图4-42）俗称"虎头肌"，是一个底向上尖向下的三角形肌，位于肩部皮下，从前、后、外侧包裹着肩关节，是一块多羽状肌。肩部的膨隆外形即由此肌所形成，肌束分前、中、后三个部分。前部肌束起自锁骨外侧半，中部肌束起自肩峰，后部肌束起自肩胛冈。止于肱骨三角肌粗隆。近固定前部纤维收缩使上臂在肩关节处屈曲和旋内，形成圆肩驼背；中部纤维收缩使上臂外展；后部纤维收缩使上臂在肩关节处伸和旋外。整体收缩，可使上臂外展。此外，该肌对加固和稳定肩关节有一定作用。

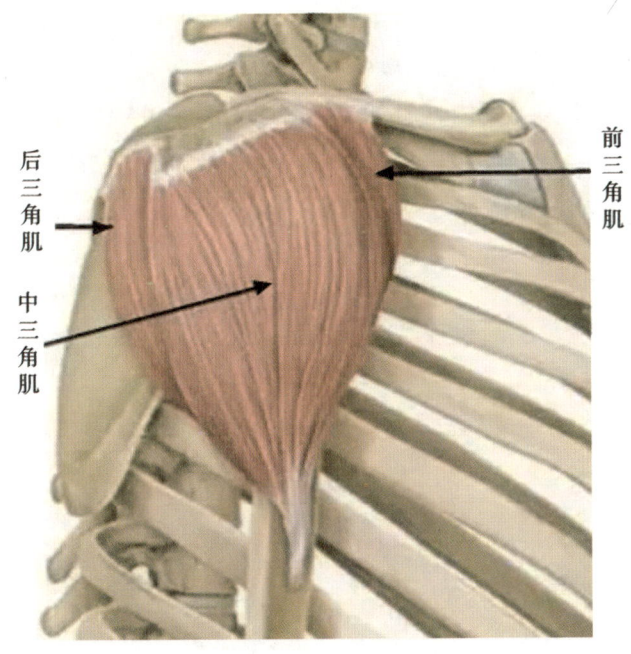

后三角肌

中三角肌

前三角肌

图 4-42　三角肌

菱形肌分为大菱形肌和小菱形肌（图4-43），两者均位于斜方肌中部深面。起自第6、7颈椎和第1～4胸椎棘突，止于肩胛骨内侧缘。在近固定时，使肩胛骨上提、后缩和下回旋；远固定时，两侧收缩，使脊柱胸段伸，对于防治驼背具有重要意义。

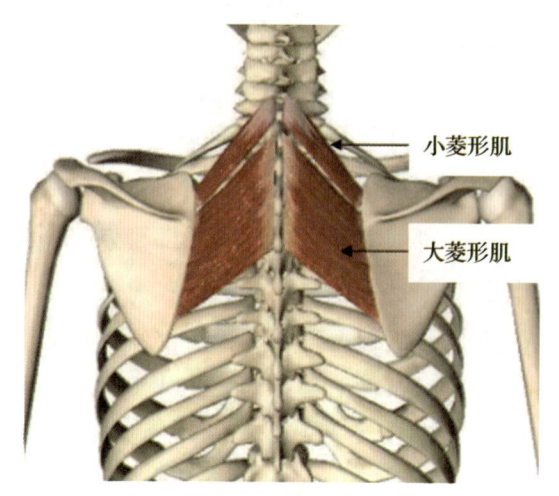

图 4-43 菱形肌

　　小圆肌位于冈下窝内，肩关节的后面（图 4-44）。起自肩胛骨的腋窝缘上三分之二背面，经肩关节后部，止于肱骨大结节下部。其收缩时可以使肩向外伸展和旋外。

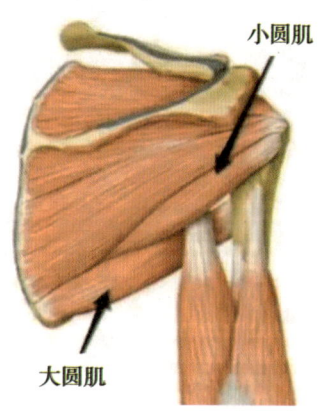

图 4-44 小圆肌

　　胸髂肋肌（图 4-45）起自腰髂肋肌止点内侧，止于 1～6 肋骨肋角下缘。其收缩具有伸展背部的作用，一侧收缩具有使脊柱侧弯的作用，还可以使胸椎旋转。

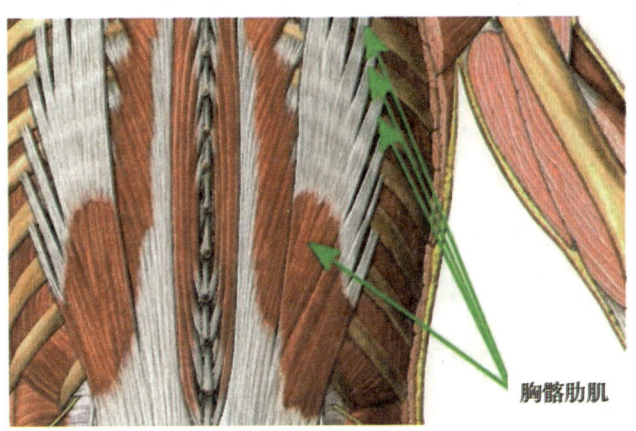

胸髂肋肌

图 4-45　胸髂肋肌

二、驼背的体育教学防治

（1）注意在体育教学中纠正幼儿的不良站姿、坐姿、行姿。

（2）在教学内容中有意识地增加背侧肌群的练习，例如俯卧小燕飞（图 4-46）、抗阻扩胸练习（图 4-47），这样可以有效防治驼背。

图 4-46　俯卧小燕飞

图 4-47　抗阻扩胸

（3）在放松练习中有意识地增加前侧肌群链的拉伸练习，例如第六节中模拟小海豚练习。

第十节　幼儿圆肩体育教学防治

一、圆肩的肌肉变化

圆肩的肌肉变化如表 4-10 所示。

表 4-10　圆肩的肌肉变化

缩短肌肉	延长肌肉
胸大肌 胸小肌 背阔肌 肩胛提肌 斜方肌上束 斜角肌	大小菱形肌 斜方肌中下束 前锯肌 冈下肌 小圆肌

圆肩和驼背往往同时发生，因为两者密切相关，变化的肌肉也基本相同，所以防治的方法也基本相同。有时驼背会更严重些，有时圆肩会更严重些。胸大肌、胸小肌详见第九节的介绍。

背阔肌（图 4-48）位于腰背部和胸部后外侧皮下，为全身最大的阔肌，呈直角三角形，上内侧部被斜方肌遮盖，以腱膜起自下 6 个胸椎棘突，全部腰椎棘突，髂嵴外侧唇后三分之一，肌纤维斜向外上方，逐渐集中，经腋窝的后壁、肱骨的内侧绕至大圆肌的前面，于大圆肌肌腱外侧移行于扁腱，止于肱骨小结节嵴。此肌收缩时使肱骨后伸、旋内及内收。

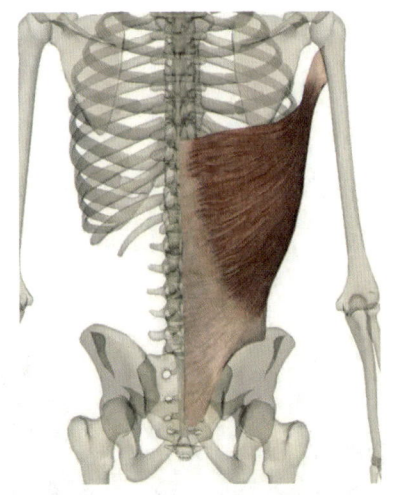

图 4-48 背阔肌

肩胛提肌、斜方肌、斜角肌详见第八节的介绍；大小菱形肌、前锯肌、小圆肌详见第九节的介绍。

冈下肌（图 4-49）位于冈下窝及肩背部，肌肉较丰满，起于冈下窝的内侧半，部分肌纤维向外上方移行为短而扁的肌腱，经关节囊的后方参与肩袖的构成。该肌止于肱骨大结节，受肩胛上神经支配，且肩胛上神经止于冈下窝，其功能是使上臂内收、外旋。

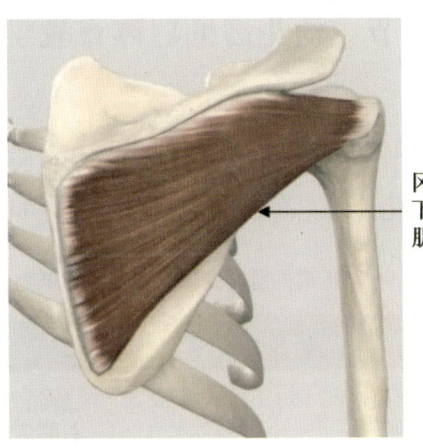

冈下肌

图 4-49 冈下肌

二、圆肩的体育教学防治

（1）注意在体育教学中纠正幼儿的不良站姿、坐姿、行姿，不要含胸，要有意识地把胸打开。

（2）在教学内容中有意识地增加背侧肌群的练习，例如第九节中的俯卧小燕飞、抗阻扩胸练习，还有蚂蚁爬练习（图4-50），这些练习都可以有效防治幼儿圆肩。

图 4-50 蚂蚁爬练习

第十一节　幼儿高低肩体育教学防治

一、高低肩的肌肉变化

高低肩的肌肉变化（以左高右低为例）如表4-11所示。

表 4-11　高低肩的肌肉变化（以左高右低为例）

缩短肌肉	延长肌肉
左侧斜方肌上束 左侧肩胛提肌 右侧胸小肌	右侧斜方肌上束 右侧肩胛提肌 左侧前锯肌

斜方肌、肩胛提肌详见第八节的介绍；胸小肌、前锯肌详见第九节的介绍。

二、高低肩的体育教学防治

（1）平时体育教学站队时，教师应注意观察，早发现、早干预、早矫正。

（2）教学中注意身体两侧均衡发展，不要长时间只练习一侧。

（3）在教学内容中有意识地增加攀爬的练习，这对幼儿身体协调、两侧的均衡发展及防治高低肩非常好（图4-51、图4-52、图4-53、图4-54）。

图4-51 攀岩练习

图4-52 攀爬练习

图 4-53　儿童攀爬网

图 4-54　攀爬绳梯

图 4-55　挥击练习

（4）对于有明显高低肩的幼儿，可以让他们进行手臂高抬挥击练习（图4-55），也可以提拉重物，主要练习低的一侧，这样可以有效促进低的一侧斜方肌上束、肩胛提肌的发展，有助于解决高低肩问题。

（5）在教学结束时要安排科学的放松拉伸练习，注意全身长肌群链和局部肌群拉伸的配合，确保放松的全面性，这对于防治不良体态的发生很重要。

第十二节　幼儿头部前倾的体育教学防治

一、头部前倾的肌肉变化

头部前倾的肌肉变化如表4-12所示。

表4-12　头部前倾的肌肉变化

部位	缩短肌肉	延长肌肉
颈前	胸锁乳突肌 头长肌 颈长肌 舌骨上肌群	舌骨下肌群
颈后	枕下肌群	肩胛提肌

胸锁乳突肌（图4-56）位于颈部两侧，起自胸骨柄前面和锁骨的胸骨端，二头会合斜向后上方，止于颞骨的乳突。一侧收缩，使头颈向同侧屈，并转向对侧；两侧收缩，肌肉合力作用线在寰枕关节额状轴的后面使头伸，肌肉合力作用线在寰枕关节额状轴的前面使头屈。上固定时，上提胸廓，助吸气。

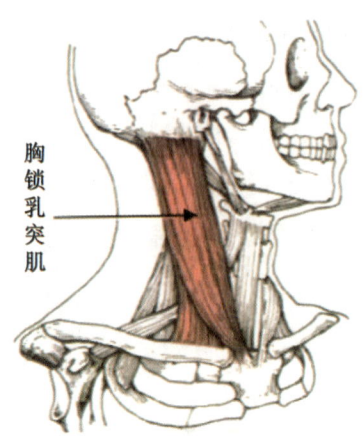

图 4-56　胸锁乳突肌

头长肌（图 4-57）起自第 3 ～ 5 节颈椎横突，止于枕骨；其可以使头、颈部屈曲及侧弯。

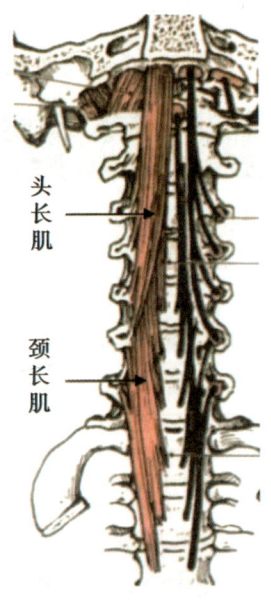

图 4-57　头长肌、颈长肌

颈长肌（图 4-57）起自椎骨横突及前表面，止于椎骨的横突及前表面上方；其可以使颈部屈曲、侧弯及转动到对侧。

舌骨上肌群包括二腹肌、茎突舌骨肌、下颌舌骨肌、颏舌骨肌，它们收缩时会使头部前倾；舌骨下肌群包括胸骨舌骨肌、肩胛舌骨肌、胸骨甲状肌、甲状舌骨肌，当头部前倾、前伸时它们会拉长（图4-58）。

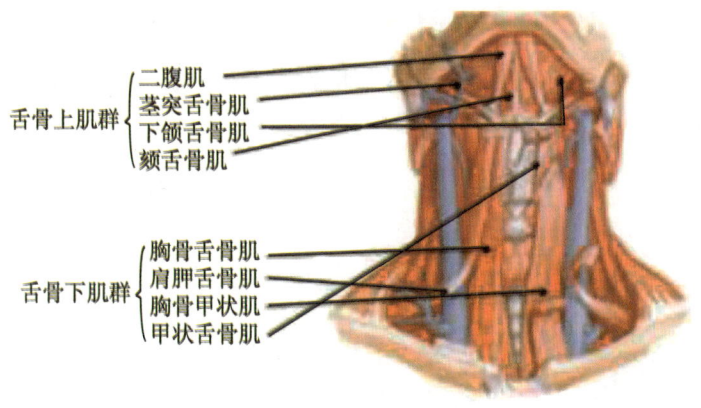

图 4-58　舌骨上肌群、舌骨下肌群

枕下肌群包括头上斜肌、头下斜肌、头后大直肌、头后小直肌（图4-59），当头部前倾时，它们都会被拉长。

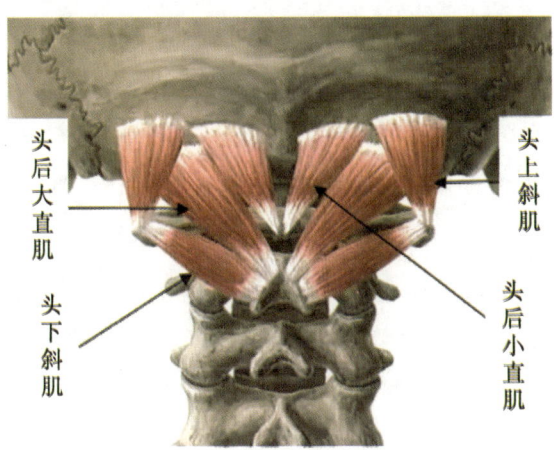

图 4-59　枕下肌群

二、头部前倾的体育教学防治

（1）幼儿时期正是幼儿脊柱功能强化发展的重要时期，各种爬行对脊柱的功能性强化和曲度形成具有重要作用，所以在体育教学中应多安排幼儿进行爬行练习，各种爬行练习参见本章第五节。

（2）注意在教学中有意识地增加背侧肌群的练习，例如俯卧小燕飞练习，参见本章第九节。

（3）教学内容中有意识地安排一些挥击练习、投篮练习，这些对于防治幼儿头部前倾也有较好效果。

小知识

正确行姿：行走中，脚触地的顺序应是脚跟先触地，脚掌紧相随，脚趾来收尾的不断向前滚动的顺序。不管速度是快还是慢，必须有一定的节奏。下肢动作中，动作腿在屈膝时，支撑腿的膝关节必须伸直，动作腿屈膝时不宜小于135°。动作腿屈膝时，腿部的肌肉要放松，不可过于用力，支撑腿在伸直时，肌肉要用力收缩，尽量把腿部的肌肉线条放长并上提。髋部要做到有控制地相对放松，髋部的左右摆动必须与动作腿同步，也就是在向前迈右脚的同时髋向右摆动 1～2cm。上肢动作中，两臂需前后摆动，方向在两条平行的直线上，手不能向里扣，也不能向外撇。手臂的后摆动与身体形成的夹角以 15° 为宜，向前摆动到 30° 为宜，肘关节要自然弯曲，前臂借助惯性可向上提 3～5cm。

另外，行走时躯干需要端正并对前方。脊柱向上伸，腰部肌肉相对放松，因为只有腰部肌肉相对放松才能保证在行走时灵活多姿。收腹的同时还要求挺胸，肩部放松。向前迈脚时，切忌头部前伸（探颈）、后缩或侧颈。

第五章 幼儿常见不良体态防治体育教学教案

幼儿园体育课程教案（小班）

课程名称	爬爬乐		
课程目标	1. 基本掌握手膝着地爬、手脚着地爬的动作要领 2. 探索尝试不同的爬行方法 3. 愿意参加体育活动，体验多种爬的方式		
各种爬行动作的要领	1. 跪爬：要求双膝跪地，双手与肩同宽着地支撑身体，爬行时，异侧手膝交互更替向前爬行 2. 熊爬：双手双脚撑于地面，双膝不着地，前进时异侧手脚移动（左手右脚或右手左脚），前进动力主要放在双脚上，手主要起平衡作用		
所需器械	2 米 ×1.2 米的体操垫 8 块		
	教学过程	器械摆放及队列队形	组次
开始部分 2 分钟	1. 集合整队，师幼问好，清点人数 2. 情景导入： 师：小朋友们，今天我们一起来学一学熊宝宝是怎么爬的？鼓励幼儿大胆尝试		
准备部分 5 分钟	热身游戏——爬爬操 师：小朋友你们平时是怎么爬的，我们一起来试一试吧 小朋友尝试用不同的方法爬过垫子 练习队列如右图		练习 5 组

课程名称	爬爬乐		
基本部分 15分钟	1.认识身体各部位 区别手、脚、膝盖 2.两种动作示范及练习 （1）教师示范手脚着地爬，幼儿练习 （2）教师示范手膝着地爬，幼儿练习 3.预设游戏：小熊爬一爬 师：接下来我们变成小熊，用我们刚才学习的两种爬行的方法快速爬过垫子。 教师引导：幼儿要用不一样的爬行方法爬过垫子，如右图1 3.创意游戏：小熊来比一比 师：下面我们就来看看哪只小熊爬得最快？我们先来用手膝着地的方法爬到终点取到小球然后再跑回来。请小朋友们分成4队站立，每队第一名小朋友同时出发，如右图2 接下来我们要用手脚着地的方法爬到终点取小球，看哪一组的小熊爬得最快。请小朋友们分成4队站立，每队第一名小朋友同时出发	图1 小熊爬一爬练习队列 图2 爬行比赛练习队列	手脚着地爬5组 其他练习3组
结束部分 3分钟	1.放松游戏：请两个小朋友手拉手，一起玩一个小熊拉圈圈的游戏，游戏后两个小朋友再互相捶腿、捶背进行放松 2.带领小朋友一起整理、回收器械		

幼儿园体育课程教案（小班）

课程名称	烤香肠
课程目标	1. 基本掌握直体侧身滚、双手抱胸直体侧身滚的动作要领 2. 通过练习发展幼儿的四肢协调性 3. 在体育活动中不推挤、碰撞他人
各种滚动 作的要领	1. 直体侧身滚：预备时挺直身体横躺于垫上，双手上举，双腿夹紧，滚动时要用腰带动身体向侧面直体滚动，注意尽量调整好身体，避免偏离方向，注意滚动时头和脚不能贴近垫子，需要稍稍抬起 2. 双手抱胸直体侧身滚：预备时双手紧紧抱于胸前，挺直身体横躺于垫上，双腿夹紧，滚动时要用腰带动身体向侧面直体滚动，注意尽量调整好身体，避免偏离方向，滚动时头和脚稍稍抬起
所需器械	2 米 ×1.2 米的体操垫 4 块

教学过程	器械摆放及队列队形	组次
开始部分 **2 分钟** 1. 集合整队，师幼问好，清点人数 2. 谈话导入： 师：小朋友们，今天老师带你们玩一个特别有趣的游戏"烤香肠"。你们吃过烤香肠吗？谁能说一说它是怎么烤出来的		
准备部分 **5 分钟** **热身游戏：香肠转转转** 师：现在请小朋友用我们的身体来模仿一下吧！教师将幼儿分成 2 队或 3 队，音乐开始后幼儿变成香肠滚过烤箱（体操垫），如右图		练习 2 组

课程名称	烤香肠		
基本部分 15分钟	1.两种动作示范及练习 教师先示范直体侧身滚、双手抱胸直体侧身滚的基本动作。而后幼儿依次练习 2.预设游戏 （1）烤香肠（直体侧身滚） 师：小朋友们，烤香肠有很多种方法，我们先来烤第一种香肠，保证"香肠直直的"。将幼儿分成两组，直体侧身滚滚过，依次进行，如右图 （2）急速滚动（双手抱胸直体侧身滚） 师：小朋友们的香肠都快烤煳了，你们想一想怎样才能不让香肠烤煳呢？（幼儿大胆发言）幼儿双手抱胸直体侧身滚，快速通过爬行垫 3.创意游戏：烤香肠大赛 师：接下来我们进行烤香肠大赛，看谁烤得又香又快。幼儿分成两组，幼儿运用两种滚的方法进行烤香肠	侧身滚练习队列	各练习 3组
结束部分 3分钟	1.放松游戏：美味的香肠烤好了，让我们品尝一下吧！（教师带领幼儿玩吃香肠的游戏，老师说吃圆圆的香肠，幼儿身体变圆形香肠；教师说吃长方形的香肠，幼儿将手臂向上伸展拉伸；变弯香肠等） 2.教师带领小朋友一起整理、回收器械		

幼儿园体育课程教案（小班）

课程名称	快乐派对
课程目标	1.基本掌握攀登跳箱的动作要领 2.认识3～5种常用运动器械 3.在教师的鼓励和帮助下敢于尝试新的体育活动

续　表

课程名称	快乐派对		
攀登跳箱动作的要领	攀登跳箱：双手抓住跳箱上面，手臂用力向上攀爬，下肢一条腿蹬地，另一条腿用力高抬，摆动到跳箱上面支撑住，另一条腿再向上，攀登上跳箱		
所需器械	跳箱 1 套		
	教学过程	器械摆放及队列队形	组次
开始部分 2 分钟	1. 集合整队，师幼问好，清点人数 2. 情景导入： 师：今天小松鼠要举行一场派对，邀请小朋友和小动物们一起来参加		
准备部分 5 分钟	热身游戏：攀登小山丘 师：邀请小动物的路上有小山丘，那我们怎样才能翻过去呢？请小朋友来想一想 把小朋友排成 1 队进行尝试攀登游戏，练习队列如右图		练习 2 组
基本部分 15 分钟	1. 动作示范及练习 教师首先示范攀登跳箱的基本动作，而后小朋友练习 2. 预设游戏：翻山越岭 师：你们太厉害了，学会了本领，那让我们一起去邀请小动物们吧。幼儿分成两组，依次通过跳箱到达终点位置。用角锥代替小动物的家，用手敲敲角锥快速返回到起点即为完成任务，练习队列如右图 1 3. 创意游戏：派对游戏 师：派对开始了，让我们一起玩一个快乐传递的游戏，将我们的快乐传递给我们的好朋友 幼儿分成两组，从第一名幼儿开始出发。攀登跳箱返回跟下一小朋友击掌传递快乐，依次进行，练习队列如右图 2	 图 1 翻山越岭练习队列 图 2 派对游戏练习队列	练习 5 组

续　表

课程名称	快乐派对	
结束部分 3分钟	1. 放松游戏：让我们跟着音乐跳起来吧。教师组织幼儿跳海草舞，进行身体放松 2. 教师带领小朋友一起整理、回收器械	

幼儿园体育课程教案（小班）

课程名称	空中击球	
课程目标	1. 基本掌握徒手挥击定点球的动作要领 2. 提高幼儿的反应能力 3. 培养幼儿的合作能力，体验游戏的快乐	
徒手挥击定点球动作要领	徒手挥击定点球：击球时，要提肩挥臂，手臂充分伸直，动作要迅速，加快前臂的挥动速度，并有明显的鞭打动作，猛甩手腕，以全手掌击打球，借以加大对球的击打力度	
所需器械	直径50cm的敏捷环4个、人手1个小沙包、长杆1根、风阻软球1个、气球若干	

教学过程	器械摆放及队列队形	组次
开始部分 2分钟	1. 集合整队，师幼问好，清点人数 2. 情景导入： 师：小朋友们好，你们知道球都可以怎么玩呢？鼓励幼儿自由大胆讨论 今天老师要和小朋友们一起玩一个空中击球的游戏	
准备部分 5分钟	热身游戏：打地鼠 师：小朋友们你们玩过打地鼠的游戏吗？今天我一起玩打地鼠吧，用手将沙包投向地鼠洞中，看哪一个小朋友投进洞的沙包数量多 教师进行示范，练习队列如右图	练习 2个 循环

续　表

课程名称		空中击球	
基本部分 15 分钟	1.动作示范及练习 教师首先示范徒手挥击定点球的动作，而后幼儿练习，练习中及时纠正不正确的动作 2.预设游戏：轮流击球 师：接下来我们一起玩一个轮流击球的游戏，请所有小朋友围成一个圈，老师手持风阻软球，幼儿依次转圈用手击打风阻软球。小朋友们出发吧，看谁击的准？练习队列如右图 1 器械摆放：教师用长杆挑起一个风阻软球，根据幼儿高度可以调节手中风阻软球高度 3.创意游戏：空中击球（气球） 师：现在我们两两相对，面对面，玩空中击球的游戏，小朋友们的球不能掉落呦！看哪一组坚持球不掉落的时间长。练习队列如右图 2	 图 1 轮流击球练习队列  图 2 空中击球练习队列	练习 4～5 个循环
结束部分 3 分钟	1.放松游戏：小朋友们今天玩得开心吗？你们配合得都很棒！接下来给你的小伙伴捏捏肩、拍拍胳膊、捶捶背 2.教师带领幼儿整理、回收器械		

幼儿园体育课程教案（小班）

课程名称	爱玩的小猴子
课程目标	1. 基本掌握悬垂的动作要领 2. 通过练习发展上肢力量和手的握力 3. 培养勇敢顽强的品质
双手抓杠悬垂动作要领	双手抓杠悬垂：是指双手抓住超过自身伸手高度的横杠，借助手臂力量使身体悬空吊起的动作，要求两手与肩同宽紧紧握住横杠，身体保持稳定
所需器械	敏捷环 4 个、单杠和海绵垫 1 套、布基胶带 1 卷

教学过程	器械摆放及队列队形	组次
开始部分 2 分钟	1. 集合整队，师幼问好，清点人数 2. 情境导入： 师：小朋友们，你们都在哪见过小猴子，小猴子都爱玩什么游戏呢？（幼儿大胆发言）今天我们变成小猴子一起玩游戏吧		
准备部分 5 分钟	热身游戏：圈圈接力 师：我们玩的第一个游戏是"圈圈接力"。请小猴子们分成四路纵队排列，听到"跑"的口令后，第一排跑到敏捷环处拿起环由头部套到脚底，然后把敏捷环还放回原处，而后快速跑回，跑回队伍时统一在队伍右侧与下一个小猴子击掌完成接力，随后到队伍末尾排队 教师进行游戏示范，练习队列如右图		练习 2 组

续　表

课程名称	爱玩的小猴子		
基本部分 15分钟	1.动作示范练习 教师示范双手抓杠悬垂的基本动作后，小朋友练习 2.预设游戏：小猴子来比赛 师：小猴子喜欢在树上爬来爬去，那小猴子的臂力肯定很厉害，接下来，看看你们谁的臂力最强呢 请小朋友成两路纵队排列，两两一组双手握住单杠进行悬垂练习，每人坚持10秒左右 3.创意游戏：小猴子游乐场 师：游乐场设有滚滚乐（垫子上翻滚）、叠叠乐（叠叠杯搭建）、跳跳乐（敏捷环）、攀攀乐（三角挡板）等游戏项目，接下来让我们一起去小猴子游乐场玩吧 幼儿分成两队，从第一位小朋友开始依次进行游戏项目。最后整队小朋友循环进行游戏		练习 6组
结束部分 3分钟	1.放松游戏：小猴子们跟老师一起玩包饺子游戏，切切菜、和和面、包包饺子等进行上肢放松活动 2.教师带领小朋友一起整理、回收器械		

幼儿园体育课程教案（中班）

课程名称	足球小将
课程目标	1.熟练掌握左、右脚正脚背踢球的动作要领 2.基本掌握足球带球的方法，培养幼儿的反应能力 3.乐于参加体育活动，培养幼儿带球的方位感

课程名称	足球小将		
足球带球动作的要领	带球时身体自然放松，上体稍前倾，两臂自然摆动，随着身体向前的移动，用脚背或内侧部位不断地推拨足球的后中部，使球与在跑动中的人一起行进		
所需器械	足球门 2 个、标志杆 10 个、人手 1 个足球、布基胶带 1 卷		

教学过程		器械摆放及队列队形	组次
开始部分2 分钟	1. 集合整队，师幼问好，清点人数。口令带动，气氛营造 2. 情景导入： 师：小朋友们今天我们一起参加一场足球赛，你们都是足球小将，要加油		
准备部分5 分钟	热身游戏：传球乐 师：请小朋友围成圈，把足球放在里面，足球跑到哪位小朋友的面前，哪位小朋友用正脚背踢走。练习队列如右图		练习1 组
基本部分20 分钟	1. 动作示范及练习 教师示范及带领幼儿练习正脚背踢球的基本动作要领。 2. 预设游戏：足球小将踢球 师：请小朋友站成两路纵队，依次将球踢到对应的球门内。看哪位足球小将踢得准。如右图 1 3. 创意游戏：足球小将带球跑 师：请小朋友带球绕过标志杆，通过正脚背踢球（左右脚都要练习）射门，把球踢到球门里，然后带球回队尾，在这个过程中要保护好球哦。如右图 2	 图 1 练习队列 图 2 练习队列	每种形式练习8 组

续　表

课程名称	足球小将	
结束部分 3分钟	1. 放松游戏：刚才我们和足球一起玩了游戏，让我们用足球按摩一下身体吧！用足球揉揉腿、在身上滚一滚 2. 教师带领小朋友一起整理、回收器械	

幼儿园体育课程教案（中班）

课程名称	爬行大比拼	
课程目标	1. 基本掌握毛毛虫爬、螃蟹爬的基本动作要领 2. 发展四肢和躯干力量，增强动作的灵活性 3. 愿意参加体育游戏，体验多种爬的方式	
各种爬行动作的要领	1. 毛毛虫爬：站位体前屈，双手落地，双手向前小幅度高频率爬行，同时身体重心下降，爬行至手臂极限时稳定不动，腿部保持伸直，双脚同样以小幅度高频率向前爬行至极限，而后双手再向前，手脚交替前行 2. 螃蟹爬：双手双脚撑于地面，双膝不着地，向左侧前进时，左侧手和右侧脚同时向左移动5～8厘米着地，而后右侧手和左侧脚同时向左移动5～8厘米着地，反复向左移动；向右侧前进时，异侧手脚配合向右移动	
所需器械	门洞4个、2米×1.2米的体操垫4块	

教学过程	器械摆放及队列队形	组次
开始部分 2分钟	1. 集合整队，师幼问好，清点人数 2. 情景导入：小朋友们已经学习了很多爬行的方法，今天我们来比一比谁的爬行本领最厉害	

课程名称	爬行大比拼		
准备部分 5 分钟	**热身游戏：熊爬、跪爬、俯爬循环** 师：小朋友们我们要通过关卡去寻宝，请小朋友们先排成一队，像熊一样爬过 4 个门洞，然后再跪爬通过前面的大桥，最后俯爬过大草地找到宝石。练习队列如右图：门洞和体操垫如右图摆放，小朋友成一队站好，排队到门洞前，熊爬通过 4 个门洞，而后，跪爬通过横放的垫子，然后，俯爬通过竖放的垫子；最后站起到队列后排队进入下一个循环。门洞之间间隔 1.5 米		练习 3 组
基本部分 20 分钟	1. 动作示范及练习 教师首先正面示范毛毛虫爬、螃蟹爬动作，而后带领小朋友练习 2. 预设游戏：大闯关 师：请小朋友们站成一列纵队，先像毛毛虫一样爬行通过地垫；然后像螃蟹爬一样爬行通过下一个地垫。请小朋友和前面小朋友保持一定距离，注意安全。练习队列如右图：两组垫子之间间隔 1 米对称摆放，垫子上通过的幼儿间隔 1.5 米 3. 创意游戏：爬行大比拼 师：接下来我们要进行激烈的比拼环节了，请小朋友们分成 2 队，每队 2 人一组，用毛毛虫爬的方式到达终点取到面条棍后用螃蟹爬行的方法合作运回面条棍，确保面条棍不掉落。看哪一组爬得又快运得又多		练习 10 组

续　表

课程名称	爬行大比拼	
结束部分 3分钟	1. 放松游戏：小朋友们非常厉害运了好多的面条，我们一起庆祝我们的收获吧。让我们一起跳圆圈舞吧。手拉手，一起伸伸胳膊、伸伸腿 2. 教师带领小朋友一起整理、回收器械	

幼儿园体育课程教案（中班）

课程名称	小猪打滚	
课程目标	1. 熟练掌握直体侧身滚、双臂体侧直体侧身滚的动作要领 2. 初步了解安全常识，懂得保护自己 3. 培养幼儿乐于参与体育活动，体验活动的乐趣	
各种滚动作的要领	1. 直体侧身滚：预备时挺直身体横躺于垫上，双手上举，双腿夹紧，滚动时要用腰带动身体向侧面直体滚动，注意尽量调整好身体，避免偏离方向，注意滚动时头和脚不能贴近垫子，需要稍稍抬起 2. 双臂体侧直体侧身滚：预备时直体横躺于垫上，双臂贴于身体体侧，双手伸展五指并拢，双腿夹紧，滚动时要用腰带动身体向侧面直体滚动，注意尽量调整好身体，避免偏离方向，注意滚动时头和脚不能贴近垫子，需要稍稍抬起	
所需器械	敏捷环2个、人手1个沙包、2米×1.2米的体操垫4块、布基胶带1卷	

教学过程	器械摆放及队列队形	组次
开始部分 2分钟	1. 集合整队，师幼问好，清点人数。口令带动，营造气氛 2. 情景导入：师：小朋友们，你们知道什么动物爱打滚吗？（幼儿大胆回答）那两只小猪怎么打滚呢	

续 表

课程名称		小猪打滚	
准备部分 5分钟	热身游戏：小胖猪打滚 师：请两个小朋友一组，平躺到地垫上然后拥抱在一起。两人同时滚动至终点，然后折返到队列后排队进入下一个循环。教师示范，练习队列如右图		练习 3组
基本部分 20分钟	1.动作示范及练习 教师首先示范双臂体侧直体侧身滚动作，而后幼儿练习 2.预设游戏：小猪推车 师：今天我们学习一种新的打滚方式，两只小猪为一组。一只平躺在爬行垫上，手臂放在体侧。另一只小猪将爬行垫从起点推动至终点。返回时两只小猪角色进行互换 3.创意游戏：肚子咕噜噜 师：小猪们肚子饿了吗？猪妈妈给猪宝宝们做了美味的食物，现在我们以最快的速度翻滚回家吧！幼儿分成两组，听音乐依次进行双臂体侧直体侧身滚练习		各练习5组
结束部分 3分钟	1.放松游戏：一起来吃猪妈妈准备的美味食物吧！教师带幼儿切蛋糕放松身体 2.教师带领小朋友一起整理、回收器械		

幼儿园体育课程教案（中班）

课程名称	盖房子
课程目标	1. 熟练掌握俯身钻的动作要领 2. 发展动作的协调性、敏捷性 3. 能积极主动参加活动，遵守游戏规则
俯身钻动作的要领	全身俯卧，俯爬钻过，爬行时左臂前伸，五指张开全掌按地，同时右腿屈膝前移，用左手的前臂和右脚的膝内侧同时支撑，使胸、腹稍抬离地面，同时右脚前蹬伸直，使躯干向前移动，注意臀部不要抬得太高，以免触碰障碍物
所需器械	标志桶 12 个、横杆 6 根、门洞 8 个、2 米 ×1.2 米的体操垫 4 块

教学过程	器械摆放及队列队形	组次
开始部分 2 分钟	1. 集合整队，师幼问好，清点人数 2. 情景导入： 师：小兔子外婆家的房子被大灰狼破坏了，我们要重新帮它盖一座新房子吧！但是去外婆家的路上需要穿越很多山洞。小朋友可以怎么钻过山洞呢？鼓励幼儿大胆表现		
准备部分 5 分钟	热身游戏：大灰狼来了 师：请小朋友分成两组，一组两两拿圈围成大圆，坐到地上，另一组小朋友在外面围圈跑，老师先来扮演大灰狼，当老师说大灰狼来了，小朋友们要赶紧钻进洞。一会儿互换		练习3组

课程名称	盖房子		
基本部分 20分钟	1.动作示范及练习 教师示范俯身钻动作，而后幼儿练习 2.预设游戏：运砖头 师：小朋友们，稻草、木头、砖头哪个搭建的房子更结实呢？请幼儿自由讨论。师：小兔子的外婆家在很远的地方，需要小朋友用正面钻、俯身钻的方法钻过树洞找到砖头，再用侧面钻、俯身钻的方法返回。练习队列如右图1循环进行。砖头用启智砖代替 3.创意游戏：盖房子 师：小朋友们刚才运了很多的砖头，现在我们要出发去外婆家帮外婆盖房子。请小朋友分成2组，先讨论怎么进行搭建，然后带着砖头出发，到终点后依次用自己的砖头搭建房子，后面的小朋友在前面小朋友搭的基础上进行搭建，看哪一组小朋友的房子最坚固。练习队列如右图2	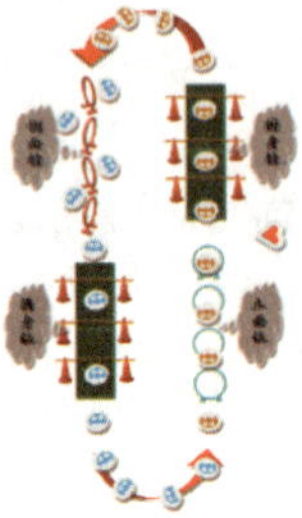 图 1  图 2	练习 6组
结束部分 3分钟	1.放松游戏：小朋友们帮助兔外婆搭建了房子，你们好厉害呀，跟着老师一起玩一个吹泡泡的游戏吧。请小朋友们手拉手，当老师说大泡泡，小朋友就手拉大圈，当老师说小泡泡，小朋友就手拉小圈 2.教师带领小朋友一起整理、回收器械		

幼儿园体育课程教案（中班）

课程名称	孔雀比赛
课程目标	1. 熟练掌握静态平衡和动态平衡的动作要领 2. 发展身体协调能力 3. 提高幼儿的合作能力，体验体育游戏的乐趣
瑜伽砖上 行走动作 的要领	拿7～12块瑜伽砖纵向呈一条直线排开，每两块之间间隔5～10厘米，让幼儿一步一块的由上面行走通过，单块上只能放一只脚，要求幼儿上体保持正直，腰腹收紧，目视前下方，两臂侧举，脚步稳健，保持身体稳定
所需器械	瑜伽砖人手1块、布基胶带1卷、面条棍若干

教学过程	器械摆放及队列队形	组次
开始部分 2分钟	1. 集合整队，师幼问好，清点人数 2. 情景导入： 师：小朋友们你们喜欢孔雀吗？见过孔雀单脚站立吗？鼓励幼儿大胆尝试		
准备部分 5分钟	热身游戏：孔雀单脚站立 师：今天我们要像小孔雀一样练习单脚站立，看看谁坚持的时间最长。练习队列如右图		练习 8个 循环

续　表

课程名称		孔雀比赛	
基本部分 20分钟	1.动作示范及练习 教师示范静态平衡和动态平衡的动作，而后小朋友练习 2.预设游戏：孔雀踩石头 师：小朋友们我们一会要比赛了，我们要先练习单脚站立的本领。请每只小孔雀拿一块瑜伽砖当作石头，当听到口令"踩石头"时单脚踩在瑜伽砖上保持平衡，练习队列如右图1 3.创意游戏：孔雀接力赛 师：小孔雀们刚才练习特别认真，接下来小朋友排成两列纵队，一个接一个依次踩着石头过河。循环一遍后，请2个小朋友为一组，用自己喜欢的方式带着面条棍踩着石头过河，走的过程中面条棍不要掉下来。走过去后2人用腿夹住面条棍快速跑回，下一组出发，我们看哪组小朋友最先完成接力赛。练习队列如右图2	图1 踩石头练习队列 图2 踩着石头过河练习队列	练习6组
结束部分 3分钟	1.放松游戏：小孔雀们玩得真开心呀，我们一起玩吹泡泡的游戏吧！请小朋友手拉手，当老师说大泡泡，小朋友就手拉大圈，当老师说小泡泡，小朋友就手拉小圈 2.教师带领小朋友一起整理、回收器械		

幼儿园体育课程教案（大班）

课程名称	足球运动会	
课程目标	1.基本掌握足球左、右脚内侧停球的方法 2.熟练掌握左、右脚正脚背、脚内侧踢球的动作要领 3.通过练习发展动作协调能力	
脚内侧停球动作的要领	支撑脚正对来球，膝关节微屈，停球腿屈膝外转并前迎，脚尖稍翘起，当脚与球接触前的一刹那开始后撤，在后撤过程中用脚内侧接触球，缓慢卸力，把球控制在脚下	
所需器械	两人1个足球、布基胶带1卷	
教学过程	器械摆放及队列队形	组次
开始部分 2分钟	1.集合整队，师幼问好，清点人数，口令带动，气氛营造 2.情景导入： 师：小朋友们！今天我们要进行一场足球运动会，你们都是足球小选手，每个小朋友都要认真练习	
准备部分 5分钟	热身游戏：运球 师：请小朋友发挥想象用身体各部位运球，每次运球都要和其他小朋友选择的部位不一样	练习 1组

课程名称	足球运动会	
基本部分 25 分钟	1. 动作示范及练习 教师示范停球、正脚背和脚内侧踢球的动作，带领幼儿练习 2. 预设游戏：同心协力 师：请小朋友们分成"红队"和"蓝队"，两人一组互相踢球，要求只让球在地上跑，在这一过程中练习左脚停球、右脚停球、正脚背和脚内侧踢球。练习队列如右图 1（2 队之间保持 6～8 米，幼儿间的横向间距保持 1.5 米） 3. 创意游戏：传球接力赛 师：请 2 个小朋友为一组，其中一个小朋友带球绕过障碍物后，对面小朋友出发绕障碍物踢球。如右图 2	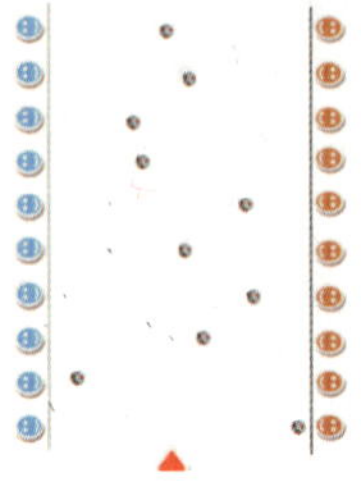 图 1 停球练习队形  图 2 传球接力队形	每种形式练习 8 组
结束部分 3 分钟	1. 放松游戏：抖抖操 小朋友们跟老师一起做抖抖操吧，抖抖手、抖抖腿、跺跺脚 2. 教师带领小朋友整理、回收器械		

幼儿园体育课程教案（大班）

课程名称	爬行比赛	
课程目标	1. 熟练掌握跪爬、俯爬、熊爬的动作要领，学习毛毛爬、螃蟹爬的动作要领 2. 培养上下肢协调能力 3. 培养幼儿合作及竞争意识	
各种爬行动作的要领	1. 毛毛虫爬：站位体前屈，双手落地，双手向前小幅度高频率爬行，同时身体重心下降，爬行至手臂极限时稳定不动，腿部保持伸直，双脚同样以小幅度高频率向前爬行至极限，而后双手再向前，手脚交替前行 2. 螃蟹爬：双手双脚撑于地面，双膝不着地，向左侧前进时，左侧手和右侧脚同时向左移动 5～8 厘米着地，而后右侧手和左侧脚同时向左移动 5～8 厘米着地，反复向左移动；向右侧前进时，异侧手脚配合向右移动	
所需器械	直线跑道垫 1 块、环形跑道垫 1 块、2 米 ×1.2 米体操垫 6 块、沙包若干、启智砖若干	

教学过程	器械摆放及队列队形	组次
开始部分 2 分钟	1. 集合整队，师幼问好，幼儿报数 2. 情境导入： 师：小朋友们好，今天我们要举行爬行比赛，你们都知道哪些爬行方法呢？请小朋友试一试。教师鼓励幼儿采用不同的爬行方法通过地垫		
准备部分 5 分钟	热身活动：花样爬 师：请小朋友们站成一队，跟老师一起动起来吧，我们先一起跪爬通过体操垫，然后熊爬通过环形跑道垫，最后俯爬通过另一侧体操垫子；依次完成后到队列后排队进入下一个循环。练习队列如右图		练习 3 组

续 表

课程名称	爬行比赛		
基本部分 25 分钟	1. 动作示范及练习 教师示范跪爬、熊爬、俯爬、毛毛虫爬和螃蟹爬的动作，而后带领幼儿练习 2. 预设游戏：激情爬行 师：现在小朋友们要连续挑战爬行关卡，请小朋友们分成 2 队站立，每一块垫子都要用不同的爬行方法通过。请小朋友注意前后安全距离。练习队列如右图 1 3. 创意游戏：爬行大比拼 师：请小朋友们分成 4 队站立，当老师说到开始后，每队的第一名幼儿同时出发，先用毛毛虫爬过去，然后拿一块启智砖用螃蟹爬的方式运回，最后用启智砖搭建一个城堡。看哪组小朋友最先完成创意搭建。器械摆放：跑道垫、体操垫如右图摆放（异侧移动时 5 ~ 8 厘米）		练习 10 组
结束部分 3 分钟	1. 放松游戏：请小朋友和老师手拉手，一起玩大泡泡、小泡泡的游戏 2. 教师带领小朋友整理、回收器械		

幼儿园体育课程教案（大班）

课程名称	轰炸碉堡
课程目标	1. 熟练掌握直体侧身滚、双手抱胸直体侧身滚、双臂体侧直体侧身滚、前滚翻的动作要领 2. 通过体育游戏锻炼幼儿身体协调能力以及方向控制能力 3. 热爱体育活动，能积极主动地参加体育活动

课程名称	轰炸碉堡		
各种滚动作的要领	前滚翻：一蹲（两脚与肩同宽，屈膝、屈髋、弯腰下蹲）、二撑（两手比肩略宽屈臂靠近身体支撑）、三低头（抬臀低头，使头向两腿间靠近），四蹬腿，向前滚动似圆球（使后脑、肩、背、腰、臀依次着地，当背部着地时，屈膝团身，两手抱小腿，上体迅速跟紧大腿向前滚动成蹲立）		
所需器械	敏捷环 2 个、人手 1 个沙包、2 米 ×1.2 米的体操垫 4 块、布基胶带 1 卷		
	教学过程	器械摆放及队列队形	组次
开始部分 2 分钟	1.集合整队，师幼问好，幼儿报数，口令带动，气氛营造 2.情景导入：师：今天老师带小朋友们玩"炸碉堡的游戏"，在正式进行游戏之前先做热身活动。		
准备部分 5 分钟	热身游戏：战前准备活动 师：请小朋友们用自己喜欢的"滚"的方法，一个接一个通过地垫，运用不同滚的方法进行。从垫子上滚过去，折返到队列后排队，进入下一个循环。练习队列如右图（在垫子上滚动时，幼儿之间间隔 1.5 米）		练习 3 组

续　表

课程名称	轰炸碉堡		
基本部分 25分钟	1. 动作示范及练习 教师示范前滚翻动作，而后幼儿练习 2. 预设游戏：轰炸碉堡 师：我们的弹药已经运到前线，敌人的碉堡就在前方。为了躲避敌人的扫射，我们分成2组快速翻滚过去，拿起手榴弹，把敌人的碉堡炸掉。教师注意幼儿前滚翻的保护，练习队列如右图 3. 创意游戏：追击战（转换方向连续翻滚） 师：刚才小朋友已经把敌人的第一座碉堡炸掉了，现在我们要继续追击敌人，炸掉敌人的第二座碉堡。请小朋友排成2队，按照垫子的摆放方向，进行变换方向连续前滚翻，幼儿依次进行。练习队列如右图	轰炸敌碉堡练习队列	各练习3组
结束部分 3分钟	1. 放松游戏：教师带领幼儿玩充气堡游戏。教师说漏气啦，幼儿慢慢下蹲；教师说充气啦，幼儿快速直立 2. 教师带领幼儿整理、回收器械		

幼儿园体育课程教案（大班）

课程名称	空中小飞人
课程目标	1. 熟练掌握爬杠、基本掌握爬绳的动作要领 2. 通过游戏培养孩子的意志力和勇于挑战的品质 3. 能主动分享经验、器械，并能邀请同伴加入自己的游戏

续　表

课程名称	空中小飞人
各悬垂动作的要领	1.爬杠：双手抓住超过自身伸手高度的连续横杠，借助手臂力量使身体悬空，而后一手抓杠，另一只手抓住前面的横杆，两手交替向前爬行 2.爬绳：双手向上伸展抓紧绳索，一条腿绕住绳索，同时手臂上拉，让膝盖向胸移动，而后，两脚松开向上移动后夹住绳索向上蹬伸，两手向上抓握，手脚交替向上爬行。向下时，松脚，双手上下握住绳索下滑
所需器械	敏捷环 4 个、连续横杠和海绵垫 1 套、爬绳 2 条、布基胶带 1 卷、软梯

教学过程	器械摆放及队列队形	组次
开始部分 2 分钟	1.集合整队，师幼问好，清点人数 2.情境导入： 师：小朋友们，你们玩过空中索道吗？今天我们一起挑战空中索道的游戏，成为空中小飞人		
准备部分 5 分钟	热身游戏：屹立不倒 师：挑战之前我们先来玩一个考验默契的游戏。请小朋友们自由结成 4 组，每名幼儿手拿一个棍棒立于地面，围成圈，听教师口令，当听到"转"时，幼儿依次顺（逆）时针方向转圈，确保不要棍棒倒地		练习 2 组

课程名称	空中小飞人		
基本部分 25 分钟	1. 动作示范及练习 教师示范爬杠、爬绳动作，而后幼儿练习 2. 预设游戏：蜘蛛侠 师：接下来进行挑战空中爬杠的游戏，让我们像蜘蛛侠一样快速通过吧。请小朋友站成一路纵队，双手握住横杠第一杠，依次利用手臂移动至最后一杠跳下来。教师要做好安全防护，练习动作如右图 1 3. 创意游戏：空中飞人 师：第一项我们挑战完成了，接下来我们挑战空中爬绳的游戏，让我们向空中飞人一样，悬挂在爬绳上和软梯。幼儿分成 2 组，从第一名幼儿开始。请幼儿自主选择爬绳或爬软梯，依次尝试按照动作要领进行练习，如右图 2	 图 1 爬杠的动作  图 2 爬绳的动作	练 习 3 组
结束部分 3 分钟	1. 放松游戏：教师带领幼儿玩西瓜虫的游戏，幼儿将身体卷起来、再打开，进行全身放松活动 2. 教师带领幼儿一起整理、回收器械		

幼儿园体育课程教案（大班）

课程名称	打地鼠		
课程目标	1. 熟练掌握半蹲、深蹲的动作要领 2. 锻炼快速反应以及语言表达能力 3. 体验体育活动的乐趣		
下蹲动作的要领	双脚并拢或与肩同宽，脚尖向前，自然站立，下蹲时，屈膝、屈髋，但头到腰部的躯干始终要保持笔直伸展状态，目视前方，上体略前倾，双手抱于胸前或向前伸展，无论是"半蹲"还是"深蹲"双脚始终全脚掌着地，膝关节始终与脚尖方向一致，膝关节尽量不要超过脚尖		
所需器械	速叠杯 32 个、布基胶带 1 卷		
教学过程		**器械摆放及队列队形**	**组次**
开始部分 2 分钟	1. 集合整队，师幼问好，清点人数 2. 情境导入： 师：今天我们一起去小白兔家做客，小白兔家种了很多的蔬菜		
准备部分 5 分钟	热身游戏：蔬菜园里有什么 师：接下来我们玩"蔬菜园里有什么"的游戏，请幼儿自由结成 4 组，每组有一个组长，其他是组员。蔬菜园里有红色的、绿色的、黄色的、白色的蔬菜。当老师说到红色蔬菜有什么？红队组长说蔬菜名字，红队组员做下蹲动作（其他颜色依次进行）		练习 5 组

续　表

课程名称	打地鼠		
基本部分 25分钟	1.动作示范及练习 教师进行深蹲、下蹲动作示范，幼儿练习。如右图1 2.预设游戏：拔萝卜 师：兔妈妈要为我们做萝卜美食，现在我们一起帮助兔妈妈拔萝卜吧！将幼儿分为4队，每队前方摆放8个速叠杯当作萝卜，杯间间隔50厘米，每队小朋友双脚跳到速叠杯前深蹲将杯子翻过来，就像一个一个拔萝卜一样，依次向前进行，后面跟上。如右图2 3.创意游戏：打地鼠 师：兔妈妈突然发现田地里有很多的地鼠，要来破坏我们的胡萝卜，我们一起来打地鼠吧！幼儿从起点出发，双脚跳到速叠杯前半蹲，用手拍打一下速叠杯再进行下一个。后面同学跟上，依次进行游戏。如右图2	图1下蹲练习队列 图2下蹲游戏练习队列	每种形式练习8组
结束部分 3分钟	1.放松环节：教师和幼儿一起捡红萝卜，做拉伸动作 2.教师组织幼儿整理、收回器械		

幼儿园体育课程教案（大班）

课程名称	好玩的篮球		
课程目标	1. 幼儿掌握双手投掷的基本动作要领 2. 培养团结合作意识，提高自信心 3. 发展幼儿的视觉和投掷能力		
双手投掷动作的要领	以双手投掷篮球为例：两手五指自然张开，两大拇指呈八字形，用指根以上部位持球，手心空出；两肘自然下垂，将球置于胸前，目视篮筐，集中精神；两脚前后或左右开立，两膝微曲，重心落在两脚之间；投篮时先两脚蹬地腰腹伸展，两臂向前上方用力伸出，接着两手腕同时外翻，拇指用力压球，食指、中指拨球，使球投向篮筐；球出手后，脚跟提起，身体自然伸展		
所需器械	篮球架 2 个、人手 1 个篮球、布基胶带 1 卷		
教学过程		器械摆放及队列队形	组次
开始部分 2 分钟	1. 集合整队，师幼问好，清点人数 2. 情景导入： 师：今天老师带来了一个篮球，小朋友们想一想，用篮球都能做什么游戏呢？鼓励小朋友大胆表现并尝试。教师小结：今天就让我们一起来玩一个有关篮球的游戏吧		
准备部分 5 分钟	热身活动：拍球操 师：请每位小朋友拿一个篮球，呈体操队形散开，试一试原地双手拍球、左右手交替拍球		练习 4 组

续　表

课程名称	好玩的篮球		
基本部分 25分钟	1.动作示范及练习 教师进行双手投篮动作示范，幼儿练习 2.预设游戏：灌篮高手 师：你们知道哪些篮球运动员呢？请小朋友们一起来说一说。今天我们也来学习一下投篮的动作吧。请小朋友分成两队，每位小朋友双手持球在篮球架下完成双手投篮后拿上篮球到队伍后面排队，练习队列如右图1 3.创意游戏：小小投篮手（行进运球） 师：小朋友们刚才都学会了投篮，现在我们要加大难度了，运球+双手投篮。请小朋友运球到篮球架下完成双手投篮动作，最后去队伍后面排队继续游戏，练习队列如右图2	图1 双手投篮练习队列 图2 循环投篮练习队列	每种 形式 练习 10组
结束部分 3分钟	1.放松游戏：甩干机。当老师说一档，幼儿慢慢抖动；档数越高抖动速度越快 2.教师带领小朋友整理、回收器械		

幼儿园体育课程教案（大班）

课程名称	小蚂蚁搬甜甜圈
课程目标	1.熟练掌握蚂蚁爬、背爬的动作要领 2.锻炼臂部肌肉力量，加强大肌肉动作及身体协调能力 3.热爱体育活动，能积极主动地参加体育活动

课程名称	小蚂蚁搬甜甜圈

各种爬行动作的要领	1. 蚂蚁爬：背部朝向地面，四肢撑地，让臀部抬离地面，向脚的方向前进，前进时异侧手脚移动（左手右脚或右手左脚），另外的手和脚支撑身体，运动中主要保持身体平衡 2. 背爬：全身仰卧，手臂放于身体两侧，向头的方向移动，头和上背部微微抬离垫子，左右大幅度摇摆，同时两腿屈膝，两脚交替后蹬，注意与上体协调配合，上体向哪侧摇摆，哪侧腿蹬伸，移动中注意方向
所需器械	直线跑道垫 1 块、2 米 × 1.2 米的体操垫 2 块、标志碟、标志杆若干、大呼啦圈若干

教学过程	器械摆放及队列队形	组次
开始部分 2 分钟	1. 集合整队，师幼问好，幼儿报数 2. 情景导入： 师：森林里来了一车的甜甜圈，小蚂蚁最喜欢吃甜甜圈了，小蚂蚁们一起出发吧		
准备部分 5 分钟	热身游戏：爬一爬 师：小蚂蚁去森林前我们先锻炼锻炼身体吧，请小蚂蚁们站成一队，先由跑道垫毛毛虫爬过，再左转弯到另一侧体操垫螃蟹爬通过，依次到队列后排队进入下一循环。练习队列如右图（垫子上通过时幼儿间隔 1.5 米）		练习 5 组

课程名称	小蚂蚁搬甜甜圈		
基本部分 25分钟	1.动作示范及练习 教师示范蚂蚁爬、背爬动作，而后幼儿练习 2.预设游戏：蚂蚁本领大 师：现在请小蚂蚁分成2组，分别用蚂蚁爬和背爬的方式快速通过草地。器械摆放：把跑道垫、体操垫如右图摆放，之间间隔1米 3.创意游戏：小蚂蚁搬甜甜圈 师：小蚂蚁们本领真大，现在我们离森林越来越近了，请小蚂蚁通过蚂蚁爬和背爬的方式通过森林去搬甜甜圈，因为甜甜圈很大，所以需要2只小蚂蚁为一组合作把它搬回家，请小蚂蚁们分成2队站立，一起出发吧。器械摆放：把跑道垫、体操垫如右图摆放，之间间隔1米。用大呼啦圈当作甜甜圈	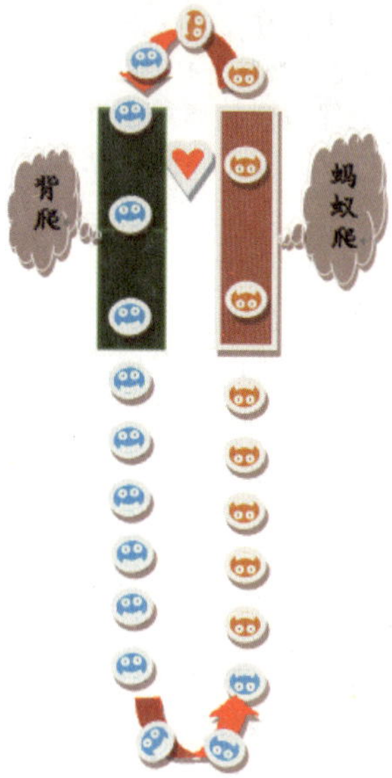	练习 10组
结束部分 3分钟	1.放松游戏：小蚂蚁们本领真大，运了好多甜甜圈，让我们大家一起为自己加油，跳个舞吧。充电舞跳起来吧，小朋友们手拉手围成一个圈供电流传递，当老师说电流传到胳膊，所有人胳膊抖动，当老师说电流传到肩膀，肩膀抖动。以此类推各个身体部位 2.教师带领小朋友整理、回收器械		

幼儿园体育课程教案（大班）

课程名称	小蚂蚁搬家
课程目标	1. 熟练掌握俯身钻的动作要领 2. 增进身体的协调性和灵活性以及锻炼四肢肌肉力量 3. 热爱体育活动，能积极主动地参加体育活动
俯身钻动作的要领	俯身钻：全身俯卧，俯爬钻过，爬行时左臂前伸，五指张开全掌按地，同时右腿屈膝前移，用左手的前臂和右脚的膝内侧同时支撑，使胸、腹稍抬离地面，同时右脚前蹬伸直，使躯干向前移动，注意臀部不要抬得太高，以免触碰障碍物
所需器械	标志桶 12 个、横杆 6 根、门洞 8 个、2 米 ×1.2 米的体操垫 4 块、小布包若干

教学过程	器械摆放及队列队形	组次
开始部分 2 分钟	1. 集合整队，师幼问好，幼儿报数，气氛营造 2. 情景导入： 师：小朋友，小蚂蚁遇到下雨天的时候需要怎么办呢？鼓励幼儿大胆讨论。我们今天一起帮小蚂蚁把粮食搬进洞里吧。帮小蚂蚁运粮食需要经过很多洞，你们是怎么钻洞的呢？鼓励幼儿大胆表现	
准备部分 5 分钟	热身活动 师：请小蚂蚁们站成一队，排队到垫子后。一个跟着一个用不一样的方法钻出洞口；然后到队列后排队进入下一循环。练习队列如右图。器械摆放：把体操垫两个竖摆对接，上面用标志桶两两搭上成洞，如右图	练习 3 组

续 表

课程名称	小蚂蚁搬家		
基本部分 25 分钟	1.动作示范及练习 教师示范俯身钻动作，而后幼儿练习 2.预设游戏：小蚂蚁过洞 师：请小朋友们站成一队，依次用俯身钻、侧面钻、正面钻的动作钻过前面的洞。不要碰到自己，注意安全。练习队列如右图 3.创意游戏：小蚂蚁运粮食 师：马上就要下雨啦，我们要加快速度帮小蚂蚁运粮食啦，遇到的洞比较低时，小朋友可以用俯身爬的方式钻过，遇到的洞比较高，小朋友可以用正面钻或侧面钻的方式通过。请小朋友分成 2 组，看哪一组的速度最快将粮食运回小蚂蚁家 小布包充当粮食		练 习 6 组
结束部分 3 分钟	1.放松游戏：小朋友们用最快的速度帮小蚂蚁运回了粮食，接下来小朋友和小蚂蚁玩一个大猩猩放松的游戏吧。每个小朋友手拿小布球，双脚与肩同宽站立，身体稍前倾，双臂自然左右晃动 2.教师带领小朋友一起整理、回收器械		

幼儿园体育课程教案（大班）

课程名称	大灰狼和小白兔	
课程目标	1.熟练掌握静态平衡和动态平衡的动作要领 2.锻炼身体的平衡能力及协调能力 3.培养幼儿团结合作的精神	
瑜伽砖上行走动作的要领	拿 7～12 块瑜伽砖纵向一条直线排开，每块之间间隔 5～10 厘米，让幼儿一步一块从上面行走通过，单块上只能放一只脚，要求幼儿上体保持正直，腰腹收紧，目视前下方，两臂侧举，脚步稳健，身体稳定	
所需器械	瑜伽砖人手 1 块、布基胶带 1 卷	

教学过程	器械摆放及队列队形	组次
开始部分 2 分钟	1.集合整队，师幼问好，幼儿报数 2.情景导入： 师：小朋友们好，你们听过大灰狼和小白兔的故事吗？今天就让我们一起看看聪明的小白兔是怎么战胜大灰狼的吧		
准备部分 5 分钟	热身活动：小白兔单脚站立 师：请小白兔们成 2 列横队站立，进行"单脚站立"练习。左右腿交替练习，每组练习 50 秒。练习队列如右图		练习 4 个 循环

课程名称		大灰狼和小白兔	
基本部分 25分钟	1. 动作示范及练习 教师示范单脚站石头、踩着石头过河的动作，而后幼儿练习。 2. 预设游戏：大灰狼来了 师：请每只小白兔拿一块瑜伽砖当作石头，当听到口令"大灰狼来了"时，小白兔就快速单脚稳稳踩在石头上保持平衡。当听到"大灰狼走了"小白兔就可以从石头上下来。每组练习50秒，而后换脚练习。练习队列如右图1 3. 创意游戏：小白兔送蘑菇 师：小白兔成功躲避了大灰狼，现在小白兔要把蘑菇带回家，回家的路上需要经过小河，请小白兔们分成2组讨论如何用石头搭建小桥。搭建好后每队第一名小白兔同时出发，依次从小桥上通过，再钻过树洞，看哪一队运的蘑菇多。1个循环算1组。12块瑜伽砖间距10厘米摆放，练习队列如右图2	 图1 站石头练习队列 图2 踩着石头过河练习队列	练习 6~8 组
结束部分 3分钟	1. 放松游戏：小兔子们今天玩得特别开心，我们用小屁股画图形放松一下吧！分别画圆形、三角形、正方形等 2. 教师带领小朋友整理、回收器械		

参考文献

[1] PAYNE，耿培新，梁国立 . 人类动作发展概论 [M]. 北京：人民教育出版社，2008.

[2] 梁思雨，杨光，赵洪波 . 体医融合视域下青少年身体姿态健康促进研究 [J]. 沈阳体育学院学报，2021，40（4）：8-14.

[3] 孙艺，刘伟佳，熊莉华，等 . 广州市中学生脊柱侧弯现状及影响因素分析 [J]. 中国学校卫生，2021，42（12）：1867-1870，1873.

[4] 王军朝 . 动作发展视角下 3-6 岁幼儿体育教学模式的研究 [D]. 长春：吉林体育学院，2017.

[5] 张鑫 . 体智能课教学对幼儿健康体适能的影响 [D]. 吉首：吉首大学，2018.

[6] 程华东 . 我国体育教学模式研究的特征与趋势分析：基于 CiteSpace 的知识图谱研究 [D]. 南昌：华东交通大学，2019.

[7] 李嗣琪 . 太原市幼儿体育教学影响因素研究 [D]. 太原：山西大学，2019.

[8] 陈锋 . 外国教育史 [M]. 北京：北京大学出版社，2012.

[9] 黄贵，苏永骏 . 福禄培尔幼儿体育观研究 [J]. 体育学刊，2015，22（5）：28-32.

[10] 张晓红 . 广州市幼儿体育活动现状研究与分析 [J]. 湖北体育科技，2004，（2）：253-254.

[11] 韩杰 . 基于动作发展理论下的幼儿园户外体育活动干预研究 [D]. 北京：北京体育大学，2018.

[12] 吴升扣，姜桂萍，李曙刚，等 . 动作发展视角的韵律性身体活动促进幼儿粗大动作发展水平的实证研究 [J]. 北京体育大学学报，2015，38（11）：

98-105.

[13] 李思莹.幼儿园大班体育课程构建的研究 [D]. 沈阳：沈阳体育学院，2013.

[14] 郭宇亮.我国幼儿体育教育现状及对策研究 [J]. 新西部，2011（15）:198，182.

[15] 周毅，庄弼，辛利.儿童早期发展与教育中最重要的内容：动作教育与综合训练 [J]. 广州体育学院学报，2014，34（6）：108-112，120.

[16] 黄兆强.广州市城区幼儿园幼儿动作发展状况的调查分析 [J]. 广州体育学院学报，1998，（3）：67-71.

[17] 张莹.动作发展视角下的幼儿体育活动内容实证研究 [J]. 北京体育大学学报，2012，35（3）：133-140，145.

[18] 信丹丹.新乡市区幼儿园体育教育现状与发展对策研究 [D]. 新乡：河南师范大学，2013.

[19] 曾琪智.广元市幼儿体育教学活动现状及对策研究 [D]. 成都：成都体育学院，2016.

[20] 谢勇娟.中日幼儿园体育教育比较分析及对我国的启示 [D]. 长沙：湖南师范大学，2017.

[21] 丁俊武.动作技能学习理论的演变及发展展望 [J]. 北京体育大学学报，2007，30（3）：420-422.

[22] 吴升扣，姜桂萍，张首文，等.3～6岁幼儿静态平衡能力特征及粗大动作发展水平研究 [J] 中国运动医学杂志，2014，33（7）：651-657.

[23] 谌铜平.幼儿园体育特色课程实施的个案研究：以杭州市 X 区 J 幼儿园为例 [D]. 金华：浙江师范大学，2013.

[24] 张璐.幼儿身体素质操的创编与实验研究：以5～6岁大班幼儿为例 [D]. 成都：成都体育学院，2015.

[25] 陈时见，何茜.幼儿园课程的国际比较 [M]. 重庆：西南师范大学出版社，2011.

[26] 胡名霞.动作控制与动作学习 [M]. 吴庆文，译.北京：人民卫生出版社，2017.

[27] 国连茹.加强中小学生形体姿态教育 [J].考试周刊，2009（31）:153.

[28] 曹肖雄，章以赛.少年儿童不良身体姿态的预防与纠正措施 [J].中国学校体育，2011（9）:82.

[29] 蒋玉梅，王健珍.身体姿势和形体练习文献综述 [J].西安体育学院学报，2000，17（1）:31−33，50.

[30] 郭晓丹.久坐时间、身体活动与儿童青少年身体姿态异常的关系研究 [D].北京：国家体育总局体育科学研究所，2021.

[31] 王玉龙.康复功能评定学 [M].3 版.北京：人民卫生出版社，2018.

[32] 梁翠容.从体态评估看太极拳运动对中老年人身体姿态影响的实验研究：以重庆主城区为例 [D].重庆：重庆大学，2018.

[33] 李立，陈玉娟，贾富池，等.少儿体态评估方法及标准研究 [J].石家庄学院学报，2020，22（6）:99−104.

[34] 洛尘.国家体育总局批准发布《儿童青少年身体姿态测试指标与方法》体育行业标准 [J].青春期健康，2022，20（8）：43.

[35] 盛俊龙.北京市儿童青少年身体姿态现状及测试方法的研究 [D].北京：北京体育大学，2019.

[36] 马晓.儿童不良身体姿态矫正的实验研究：以呼家楼小学的学生为例 [D].北京：首都体育学院，2010.

[37] 徐文婷.对上海小学低年级学生身体正确姿态培养的研究：以毓秀学校为例 [D].上海：上海师范大学，2013.

[38] 李立，陈玉娟，贾富池，等.石家庄市小学生不良体态现状 [J].中国学校卫生，2018，39（9）:1416−1418.

[39] 董秀秀.身体功能训练对小学生不良身体姿态影响的实验研究 [D].北京：首都体育学院，2021.

[40] 李旭龙，吴键，袁圣敏.导致不良身体姿态形成的原因及其对身体的危害分析 [J].中国学校体育，2020，39（2）:60−61.

[41] 高舒黎.学生不良身体姿势产生的原因及对策 [J].上海体育学院学报，1999（S1）:136−137.

[42] 王敏，陆阿明，张秋霞，等.背包对青少年平衡、身体姿势及步态影响的

研究进展 [J]. 体育科研，2015，36（2）:8–12.

[43] 陈玉娟，李立，杨惠玲，等 . 石家庄儿童脊柱侧弯现状及影响因素分析 [J]. 中国学校卫生，2021，42（11）:1674–1678.

[44] 王冬月 . 北京市 15 ～ 18 岁高中女生形体现状及对策研究 [J]. 运动，2010（7）:62–63.

[45] 甄志平，李晗冉，蓝一青，等 . 北京市不同体态儿童体质发育特征研究 [J]. 北京体育大学学报，2020，43（10）:68–81.

[46] 赵修发，刘洋，赵修浩，等 . 北京市学龄前儿童不良身体姿态与生活习惯的相关性分析 [J]. 现代预防医学，2022，49（4）:640–645.

[47] 苏愉钦，袁森 . 姿势异常对青少年关节功能和动作表现的影响 [J]. 体育师友，2020，43（6）:66–67.

[48] 田小燕 . 形体训练对矫治青少年不良体态的理论依据及方法 [J]. 淮阴工学院学报，2002（6）:69–70，86.

[49] 杨浏，张艳红 . 我国青少年学生的形体现状及其塑造途径 [J]. 教学与管理，2012（2）:156–157.

[50] 夏一 . 从不良体态中对肌肉的力量和张力的思考 [J]. 灌篮，2019（10）:221.

[51] 钟成 . 力量训练对于不良体态的纠正作用 [J]. 休闲，2019（5）:108.

[52] 康振川 . 功能性训练对 8 ～ 12 岁少儿身体素质影响的实证研究 [D]. 兰州：西北师范大学，2020.

[53] 王宇 . 南京市初中生不良姿态调查与干预 [D]. 南京：南京体育学院，2020.